W0289731

UNE VIE CONDUITE PAR LA MISÉRICORDE

Richard BORGMAN

UNE VIE CONDUITE PAR LA MISÉRICORDE

Éditions de l'Emmanuel

© Éditions de l'Emmanuel, 2007
37, rue de l'Abbé-Grégoire, 75006 Paris

ISBN 978-2-35389-014-9

Préface

par Jean-Luc Moens,
membre du Conseil pontifical Cor Unum

Ce livre n'est pas un livre de théologie. C'est le témoignage d'un converti. C'est le cri bouleversant d'un homme dont la vie a été transformée parce qu'il a accepté de suivre jusqu'au bout son Seigneur. Pour comprendre ce témoignage, il faut connaître un minimum de la vie de son auteur.

Richard Borgman est américain. Il est né à Denver, Colorado. Abandonné à sa naissance par sa mère biologique, il a été recueilli et aimé par un couple qui l'a adopté, mais la blessure de l'abandon est restée gravée dans son cœur. Il fait des études de neurologie, épouse Danelle, et après cinq ans de mariage, ils font en couple une première expérience extraordinaire : la rencontre du Christ vivant. Cette rencontre transforme leur vie et fait d'eux des missionnaires. Richard n'est pas l'homme des demi-mesures. Il devient pasteur de l'Église évangélique et part en Côte d'Ivoire comme missionnaire. C'est dans ce pays qu'il entre en contact pour la première fois avec l'Église catholique. Dans la prison où il va évangéliser les détenus, il découvre la charité des missionnaires catholiques. « L'amour que je prêchais, eux le mettaient en pratique », dira-t-il plus tard. Peu à peu, une question grandit dans son cœur. Envoyé en

France, toujours comme missionnaire évangélique, Richard découvre l'amour maternel de Marie qui le guérit de la blessure de l'abandon qui le poursuivait. Il devient catholique. C'est le deuxième grand tournant de sa vie. En se convertissant, Richard perd tout : son statut de pasteur, ses moyens de subsistance (les dons des membres de son Église). Mais le feu qui brûle en son cœur est trop puissant pour résister et, rappelons-le, Richard n'est pas l'homme des demi-mesures. De son côté, son épouse Danelle fait un chemin analogue et se convertit aussi au catholicisme.

Devenu catholique, Richard découvre un monde totalement nouveau et dont il ne soupçonnait pas l'étendue : la richesse de la Tradition, la beauté des sacrements, le patrimoine extraordinaire de la sainteté à travers les siècles, la maternité de Marie... Tout est neuf pour lui, tout est découverte merveilleuse. Il compare ce qui lui arrive à la situation d'un convive qui a été habitué à ne manger que deux plats (la foi et la Parole de Dieu) et qui se trouve tout d'un coup en présence d'un plantureux banquet. Il s'étonne du peu d'enthousiasme des catholiques qui semblent ne pas connaître la magnifique diversité des saveurs qui leur sont proposées.

La conversion de Richard au catholicisme bouleverse sa vie. Tout est changé, sauf une chose : Richard est et reste un missionnaire. Toute sa vie est dédiée à l'annonce de l'Évangile. Il s'engage dans l'évangélisation catholique avec la même détermination, le même zèle que ceux qui l'ont animé dans le passé lorsqu'il était devenu évangélique. Cependant il ne peut plus être missionnaire de la même manière. Richard se met à chercher – de toutes ses forces – comment être un missionnaire catholique.

Pour comprendre cette recherche, il faut savoir ce qui caractérise l'évangélisation à la « manière évangélique ».

On pourrait la définir schématiquement comme une évangélisation de puissance. L'accent est mis sur la puissance de Dieu, sur les charismes éclatants, sur des prédications de conviction, sur une compréhension immédiate de la Parole de Dieu. Très souvent, le mystère de la Croix est ignoré. Seule la résurrection compte. Cela conduit souvent à des Églises qui prêchent la réussite, le succès matériel et terrestre. On sait que certains catholiques sont tentés aujourd'hui par des vagues de ce type jusque dans l'Église elle-même.

Richard ne veut plus évangéliser comme il l'a fait dans le passé par la puissance et la force des arguments de conviction. Il cherche une autre voie et c'est alors qu'il découvre, providentiellement, le message de Paray-le-Monial : « Voici ce Cœur qui a tant aimé les hommes... » Il comprend qu'il touche au but. Ce qui caractérise l'évangélisation catholique, selon lui, c'est la miséricorde.

Dans ce livre, Richard nous fait partager sa découverte de la miséricorde. Il nous explique comment il est possible de laisser conduire toute sa vie par la miséricorde. Il le fait d'une manière très concrète, à la manière américaine qui est la culture dans laquelle il a grandi. Pour Richard, faire connaître la miséricorde de Dieu aux hommes d'aujourd'hui est le premier défi de l'évangélisation. C'est ce qui caractérise l'appel missionnaire reçu dans l'Église catholique.

Je suis allé visiter Richard aux États-Unis, dans la petite ville de Gainesville (Géorgie), capitale du poulet, où les sans-papiers mexicains viennent chercher du travail pour nourrir leurs familles restées au pays. Je l'ai vu à l'œuvre. Je l'ai vu appliquer sa méthode. Il continue le porte-à-porte, mais d'une manière différente. Je me souviens avoir sonné avec lui chez Miguel, un homme handicapé après avoir reçu une balle perdue dans la rue. Miguel était malade. Il n'avait pas les moyens de se faire soigner. Richard l'a conduit au centre de santé pour qu'il puisse recevoir les soins dont il avait besoin. Tous les matins, à 7 heures, Richard servait du café aux hommes immigrés qui attendaient d'être engagés à la journée. Un matin, il faisait très froid. Martinez est venu demander un café chaud. Il venait d'entrer illégalement aux USA. Il grelottait. Richard lui a donné un café et son manteau...

L'évangélisation par la miséricorde, c'est l'évangélisation par la compassion, par la charité, que notre pape Benoît XVI préconise partout depuis le début de son pontificat. Tel est le témoignage que nous donne Richard dans ce livre. Comme dans tous les témoignages, tout n'est pas imitable. Certains points sont très marqués par la personnalité hors du commun de Richard et par la culture américaine. Je pense, par exemple, au « *hug* de la miséricorde ». Connaissant Richard, je comprends qu'il utilise ce moyen pour témoigner de l'amour de Dieu. J'avoue, pour ma part, que cette « méthode » me paraît inadéquate dans nos cultures européennes. Mais l'important, ce ne sont pas les moyens. Ce qui compte, ce qui bouleverse dans ce livre, c'est le feu. Le feu de l'amour, le feu pour la mission. Richard a reçu ce feu comme une grâce depuis de nombreuses années. Il veut nous le faire partager. Laissons-nous à notre tour, par son témoignage, brûler de ce feu. Dieu veut que nous brûlions d'amour pour nos frères afin de les ramener à lui. C'est cela, le message de ce livre. Laissons-nous interpeller par ce témoignage qui ne nous demande rien de moins que de changer de vie pour la laisser conduire par la miséricorde. Une aventure extraordinaire. Une aventure possible. Le témoignage de Richard en fait foi !

Genèse de ce livre

Nous venions de nous installer en Géorgie, après trente années passées à l'étranger, quand un nouvel ami, Thad McCormick, m'invita à l'accompagner à une étude biblique réunissant toutes les semaines des hommes de différentes Églises désireux d'étudier et de grandir ensemble. Au début, je ne voulais pas y aller, mais quand Thad dit qu'il voulait que nous étudiions ensemble afin d'être moins critiques et plus miséricordieux, je me suis dit : « Pourquoi pas ? »

Ce fut le début d'une année d'études passionnantes sur le thème : « Une vie conduite par la Miséricorde ». Quand je suis arrivé à sept heures du matin le premier jeudi chez Franck, notre hôte, je me suis trouvé tout petit devant tant de gentillesse de sa part. Avec plusieurs autres hommes engagés dans le monde du travail, ils finissaient tout juste d'étudier en détail un livre magnifique : *The Purpose Driven Life*[1].

Se posa alors la question de savoir ce qu'on devrait étudier ensuite. Je suggérai que le but de la vie terrestre de Jésus était peut-être de nous révéler la Miséricorde de Dieu. Je n'en étais pas sûr, mais je leur proposai de

---

1. De Rick WARREN, éditions Zondervan, 2002. L'expression signifie, littéralement : « Une vie animée du plus profond de soi par un objectif ».

prendre un évangile et de le lire chapitre par chapitre en partant de ce postulat ; cette étude pourrait s'appeler *Une vie conduite par la Miséricorde.*

Ils accueillirent tous cette idée favorablement et quelqu'un proposa d'étudier l'évangile de Luc. Toute l'année suivante, avec Franck, Thad, Mike et Andy, nous avons donc fouillé cet évangile et nos propres vies pour voir si la Miséricorde devrait constituer le but de notre existence. Plusieurs autres se joignirent à nous en cours de route, comme Larry, Rudy ou Dave. Nous avons terminé le chapitre 24 en septembre 2005, presque un an après jour pour jour.

Pendant la dernière réunion, ces hommes m'ont poussé à écrire un livre sur ce que nous avions appris et sur la façon dont la Miséricorde avait changé nos vies. Ce livre est né de leurs encouragements. Le titre dit de façon concise ce qui, je l'espère, sera mon objectif pour le restant de ma vie terrestre : *Une vie conduite par la Miséricorde.* Il y aura un second livre sur ce sujet : *L'Évangile de la Miséricorde.*

Ce livre est dédié à mon ami dans la Miséricorde, Bill Simmons[2].

Il est dédié également à Franck, Thad, Andy, Mike, Randall, Larry, Rudy, Dave et tous ceux qui ont passé un an à méditer avec moi à la recherche d'une meilleure compréhension de l'objectif de la vie de Jésus. Merci de m'avoir aidé à être bon. Les opinions exprimées dans ce livre sont les miennes mais bon nombre de principes que j'ai appris viennent de nos rencontres hebdomadaires de sept heures du matin.

Ce livre est encore dédié aux élèves de la première école de Miséricorde avec lesquels nous avons eu la joie de travailler au Brésil. Merci à vous aussi de m'avoir

2. Voir Épilogue.

aidé à être bon. Vos visages merveilleux m'accompagneront tous les jours de ma vie.

Il est enfin dédié à Danelle, pour presque quarante ans d'apprentissage de la Miséricorde en commun. Je t'aime.

L'homme du troisième millénaire sera évangélisé par la Miséricorde

N'ayez pas peur d'aller par les rues
et les places publiques,
comme les premiers apôtres qui prêchèrent
le Christ et la Bonne Nouvelle du salut
sur les places publiques des villes et des cités.
Ce n'est pas le moment d'avoir honte de l'Évangile.
C'est le moment de le proclamer sur les toits.
N'ayez pas peur de sortir de vos habitudes
et de votre confort pour répondre au défi
de faire connaître le Christ
dans les mégapoles modernes.
Vous êtes appelés à aller
là où les gens se rassemblent
pour inviter ceux que vous rencontrez
au banquet que Dieu a préparé pour son peuple.
Ne souffrez pas que l'Évangile soit caché
par l'indifférence ou la peur.
L'Évangile n'a jamais été destiné
à être une affaire privée.
Il faut l'élever bien haut
afin que les gens voient la lumière
et rendent gloire à notre Père dans les cieux.

JEAN-PAUL II[1].

Ce livre, avec les réflexions et les expériences qu'il présente, est une humble tentative pour nous aider à relever le défi qui nous est lancé par l'Église. Ce siècle attend notre réponse !

---

1. Journées mondiales de la jeunesse, Denver (USA), 1993.

Avant-propos

par Scott Borgman, séminariste à Rome,
fils de l'auteur

« Les faveurs du Seigneur ne sont pas finies, ni ses compassions épuisées ; elles se renouvellent chaque matin, grande est sa fidélité » (Lm 3, 22-23).

Comment définir la Miséricorde ? Quand je pris ce petit livre, je pensais en avoir une assez bonne idée – vous aussi peut-être – vu que cela fait maintenant trente-quatre ans que je vis au contact de mon père. Je fus surpris et soulagé d'apprendre à la fois combien mes connaissances à ce sujet étaient faibles et tout ce que je pourrais gagner en apprenant à vivre cette vertu divine.

Quand j'étais enfant, mon père m'apprit à aimer ce verset des Lamentations sur la miséricorde et l'amour de Dieu, ainsi que beaucoup d'autres, en les apprenant par cœur. Je me souviens qu'un jour, quand nous étions gamins, papa nous avait même acheté douze bâtonnets de crème glacée à chacun en promettant de nous les donner si nous arrivions à réciter dans l'ordre la liste de tous les livres de la Bible. Si nous oubliions un ou deux livres, il nous laissait recommencer autant de fois que nous voulions. Puis, comme il avait déjà acheté les glaces et qu'elles fondaient dans la chaleur de l'été ivoirien, il nous les donna quand même : douze à chacun de ses trois enfants !

Les glaces durèrent un peu moins d'une semaine, mais l'Écriture Sainte plantée dans nos cœurs et nos esprits dura plus longtemps, nous remplissant du désir de Dieu, du désir de son amour et de ses compassions infinies. Quel incroyable héritage de vie avons-nous dans les Écritures ! Les promesses éternelles de Dieu nous gardent attentifs au rythme de son Cœur, et notre réponse à son invitation à vivre de la Miséricorde continue à grandir au fur et à mesure que nous apprenons à aimer. Il y a bien des jours où je récite encore ces premières perles qui remontent du cœur de ma jeunesse.

« Ses compassions ne sont pas épuisées. » Pour bien des gens, la vie de mes parents fut une invitation continuelle à entrer dans la Miséricorde. Pendant des années ils en ont parlé devant des foules comme devant un nombre incalculable de personnes prises individuellement, devant des rois qui changent le cours de l'histoire comme devant les plus pauvres parmi les pauvres, qui luttent pour survivre au jour le jour. « Ses compassions ne sont pas épuisées » : cri de l'ancien prophète Osée, et cri de saint Jean écrivant : « Dieu est amour » ; cri de notre vénéré Saint-Père, le pape Jean-Paul II. C'est aussi le cri de ce livre, afin que nous puissions participer à la pleine réalisation de la vie miséricordieuse du Christ en nos cœurs pour la plus grande gloire de Dieu.

« Seigneur, aide-nous à vivre ta Miséricorde aimante tous les jours et à tout moment, par l'intercession de toute l'Église du ciel, car c'est notre héritage en Jésus-Christ. » Lisez ces mots, priez-les et vivez une vie emplie de Miséricorde.

« Elles se renouvellent chaque matin, grande est la fidélité du Seigneur ! »

Introduction

« Tout mettre en œuvre pour atteindre son objectif », tel est le titre du premier message que je n'ai *jamais* prêché devant une assemblée le dimanche matin. Mais qu'est-ce que cette espèce de double langage ? Cela se passait en 1972 et j'avais été tellement bien converti que j'étais devenu un évangélique charismatique acharné dans toute sa splendeur. Nous avions rejoint une nouvelle communauté évangélique, la Communauté missionnaire chrétienne, qui se réunissait dans une vieille église en pierre, la chapelle de la Miséricorde, à Fort Collins dans le Colorado. Les dirigeants m'invitèrent à prêcher le dimanche matin, ce que j'acceptai avec joie. J'espérais changer tout le cours du christianisme par ce message.

Je décidai de l'intituler « Un objectif inébranlable » en me basant sur mon verset de vie tiré de l'épître aux Philippiens (3, 10) dans la version amplifiée de la Bible en anglais. L'apôtre commence ce verset en disant : « L'objectif que j'ai vraiment décidé d'atteindre, c'est... » Je m'imaginais que si l'apôtre Paul avait un objectif à atteindre et avait accompli une œuvre aussi considérable, j'essaierais de mettre mes pas dans les siens en me fixant le même objectif. Je crois que Dieu a efficacement exaucé ma demande de devenir ce que suggère Philippiens 3, 10, et ce n'est pas ce à quoi je pensais quand j'ai préparé ce sermon dominical.

J'ai passé un temps fou à me préparer à « coincer » ces « pauvres pécheurs » ce dimanche matin-là. J'étais sûr qu'ils avaient tous besoin qu'on leur mette le feu aux trousses pour qu'ils deviennent saints... comme je l'étais. Ce message, c'était une vraie création. Quel devrait être notre objectif ? Quel devrait être le moteur de notre vie ? J'étais absolument sûr de le savoir et j'étais prêt à le dire au monde entier. J'avais en partie raison, mais mon cœur avait tort. En pensée, je vois Charlton Heston dans *Les Dix Commandements*, prêt à détruire les Tables de la loi en signe de sa juste colère devant le péché du peuple.

Assis au premier rang à côté de Danelle et de nos trois enfants (les jumeaux n'avaient pas encore un an), j'étais prêt. Une jeunesse enthousiaste s'entassait dans l'église car, selon nous, notre communauté était appelée à restaurer le christianisme dans sa ferveur originelle. Les chants étaient joyeux, la dévotion réelle. Le taux d'adrénaline montait. Le terrain était préparé et le pasteur m'appela en chaire.

Je m'avançai jusqu'à la chaire et ouvris ma bible. Cela allait être mieux que de parler à mes étudiants à l'université. Je regardai fixement l'assemblée, avec assurance et conviction, pris une profonde respiration, ouvris la bouche et... me mis à pleurer !

Je ne pouvais dire un mot. À part des larmes, rien ne voulait sortir. J'essayai de reprendre contenance. Je le savais : ils penseraient que j'avais prévu cet accès d'émotion pour faire de l'effet, mais j'étais incapable de dire un mot. Ce fut une des rares fois de ma vie où je ne pus parler alors même que je pensais avoir quelque chose de très important à dire. Des années plus tard, j'apprendrais ce qu'est la communication silencieuse de la vie placée sous la conduite de la Miséricorde.

Je pris une profonde respiration et réessayai, mais seules mes larmes réussissaient à couler librement. Je ne voulais pas pleurer, je voulais prêcher, mais hélas pour le prédicateur en herbe que j'étais, je dus replier mon papier, fermer ma bible et retourner m'asseoir tout honteux au premier rang. Je ne crois pas avoir jamais prêché ce message sur l'objectif de la vie. Je pense que Dieu lui-même n'a peut-être pas voulu l'entendre.

Quel est le but de la vie ? Il existe de nombreux livres utiles sur le sujet. La prédication sur le but de la vie et sa destinée remplira la plupart des églises évangéliques. Cependant, comme le suggèrent le titre de ce livre et la photo de couverture, nous répondrons : « C'est la Miséricorde. » Pour Olivia, l'une de nos souriantes étudiantes de l'école brésilienne[1], notre objectif, c'est de vous « massacrer » avec de la Miséricorde.

Jean-Paul II a dit que l'homme du XXIe siècle sera évangélisé par la Miséricorde. Il y a un tel gâchis dans ce monde que seule la Miséricorde de Dieu peut le sauver. Notre hypothèse, c'est que Jésus, et Jean-Paul II à son niveau, eurent raison de vivre et de mourir pour réconcilier l'homme avec le Père par la Miséricorde.

Après presque trente-cinq ans passés à essayer modestement de « sauver » le monde, nous en avons conclu que la Miséricorde était la clef de la connaissance et du cœur de l'homme. Ce livre se fonde sur des expériences d'où découle la théorie d'une vie placée sous la conduite de la Miséricorde. Le second livre, *L'Évangile de la Miséricorde*, cheminera de chapitre en chapitre dans l'évangile de Luc.

Notre groupe du jeudi matin comprend des hommes de plusieurs dénominations chrétiennes différentes. Ce livre est nettement catholique, sans doute parce que je le suis moi-même. La Miséricorde se vit dans un environnement, et le mien est catholique. Je crois que le

1. Une « école de Miséricorde », selon le modèle décrit plus loin dans l'Appendice II.

véritable amour permet aux autres de voir ce qui est dans le cœur. Le mien déborde de Miséricorde catholique pour tous ceux que je rencontre.

Ce qui suit est une série d'essais qui peuvent se lire à la suite ou séparément et pas forcément dans l'ordre.

Si vous vivez déjà la phrase ci-dessous, reportez le livre à la librairie et faites-vous rembourser. Sinon, allons-y...

L'expression d'une vie conduite par la Miséricorde, c'est l'Évangélisation par la Miséricorde.

Définitions

Voici quelques définitions pour vous aider à décoder ce que nous essayons de dire dans ce livre.

Miséricorde : avec une majuscule, il s'agit toujours de la Miséricorde divine s'écoulant directement du Cœur du Christ crucifié.

Bonté : avec une majuscule, l'expression visible d'un cœur miséricordieux. Un cœur de Miséricorde s'exprime par la Bonté envers tous.

Ragionamento spirituel : conversations spirituelles, cœur à cœur, entre deux personnes, ce qui suppose une écoute et une réponse venant du cœur. Pour exprimer cela, il nous arrive d'utiliser uniquement le mot *ragionamento*. Dans ce livre, c'est la même chose que *ragionamento* spirituel.

Évangélisation : nous écrivons ce mot avec une majuscule, pour signifier qu'en toute Évangélisation la puissance divine est à l'œuvre. On ne peut évangéliser sans Dieu.

D'autres mots ont reçu une majuscule pour indiquer la Puissance divine à l'œuvre. Il y a en effet des contrefaçons et des formes totalement humaines de certaines réalités comme la plénitude de l'amour, etc. Des mots comme « tolérance » ne prennent évidemment jamais de majuscule, sauf en début de phrase, car la « tolérance », dans le sens de « vivre et laisser vivre », n'est pas un attribut de Dieu.

Le tableau reproduit sur la couverture est parfois considéré comme une icône, ceci au sens d'« image » et non comme une icône orthodoxe.

Bien que nous ne décrivions pas la différence entre ce qu'est une « illumination » et ce que nous appelons « entendre la voix de Dieu en nous », peut-être faudrait-il tenter une comparaison avant d'entreprendre notre pèlerinage dans une vie conduite par la Miséricorde. Les illuminations sont des révélations personnelles qui viennent – ou ne viennent pas – de Dieu. Leur danger, c'est que celui qui les reçoit se dise avec une suffisance égoïste : « J'ai une vérité que personne n'a encore jamais reçue, donc les autres, et particulièrement l'Église, devraient m'écouter puisque ce que j'ai entendu vient de Dieu. » Les illuminations de ce type peuvent en égarer plus d'un car elles ne sont pas soumises à la sagesse de l'Église, sagesse qui a résisté à l'épreuve du temps (2 Tm 3, 5). En revanche, quand la vie est conduite par la Miséricorde, les « intuitions » ou le fait d'« entendre la voix de Dieu au fond de soi » trouvent leurs racines, leur inspiration et leur sens dans l'humilité et la soumission à l'autorité légitime (voir le chapitre sur l'autorité dans *À la recherche du Jardin perdu*[1]).

1. R. Borgman, *À la recherche du jardin perdu*, Paris, Éd. de l'Emmanuel, 2005.

CHAPITRE PREMIER

Le Dieu du pneu crevé

Quand quelque chose est brisé, seule la Miséricorde peut le réparer.

On a besoin de Miséricorde quand il y a quelque chose de brisé, que ce soit un corps, une famille ou un cœur. La Miséricorde remet les choses en place quand toutes les lois de la nature et de la justice hurlent : « Non. » La Miséricorde n'étant pas logique, notre tête a du mal à la comprendre, c'est pourquoi nous avons un cœur de Miséricorde au plus profond de notre être : pour comprendre l'« incompréhensible ». Ce qui suit est une expérience de Miséricorde à un niveau très humain. Dieu a le sens pratique et nous aide à comprendre des vérités spirituelles grâce à des actes matériels de sa Miséricorde. Quelque chose est brisé, la Miséricorde de Dieu le réparera.

C'est une histoire vraie, que nous avons sans doute racontée plus que toute autre vraie rencontre avec la Miséricorde de Dieu. Danelle et moi nous avons découvert que la vie avec Dieu nous met quotidiennement en présence de sa Miséricorde. Nous avons donné notre témoignage des milliers de fois dans de nombreux pays ; or chaque fois que nous racontons cette histoire, il se trouve inévitablement quelqu'un pour venir nous demander à la fin si c'est vraiment arrivé. Oui, c'est vraiment arrivé !

Comme nous étions tout nouveaux chrétiens en 1972, nous ne savions pas encore que Dieu aime se laisser embarquer dans des choses aussi insignifiantes que des pneus crevés. Il était six heures moins le quart à Fort Collins au Colorado et nous partions travailler dans notre vieille Ford 4 x 4 Scout, quand, non loin de la maison, la roue avant gauche creva. Tout en me garant sur le bas-côté, je dis à Danelle que j'allais retourner chez nous à pied pour chercher le cric et la roue de secours. La conversation prit alors à peu près ce tour-là :

« Richard, nous sommes chrétiens maintenant.

– Qu'est-ce que ça veut dire : nous sommes chrétiens maintenant ?

– La Bible dit que si on a la foi on recevra tout ce qu'on demande dans la prière.

– Je sais, mais il s'agit d'un pneu crevé.

– Bon, on peut au moins prier.

– D'accord, tu pries.

– Non, tu es le chef de famille, maintenant, alors c'est toi qui pries.

– D'accord. »

Je ne savais pas comment prier, mais j'avais vu des chrétiens prier en fermant les yeux, j'ai donc fermé les yeux. (J'ai appris plus tard à prier les yeux ouverts : à partir du jour où, après avoir prié les yeux fermés à la prison, je me suis aperçu en les ouvrant que la bible avait disparu. Jésus m'a dit de regarder et de prier !) J'ai marmonné quelque chose comme : « Me voici, voici Danelle et le pneu crevé. Amen. »

Inutile de vous dire qu'il ne s'est rien passé, sinon que je me suis senti plutôt ridicule de prier pour un pneu crevé. J'ai donc expliqué gentiment à Danelle que Dieu avait peut-être autre chose à faire de son temps que de venir nous aider pour notre pneu, qu'après tout il nous avait donné des jambes pour nous en servir et aller chercher le cric et la roue de secours à la maison.

« Mais nous sommes chrétiens maintenant, reprit Danelle, et la Bible dit de persévérer dans la prière. » Je me suis dit : « Mon Dieu, quelle femme tu m'as donnée ! »

Est-ce si différent d'être chrétien ? Qu'est-ce qui, dans notre vie, nous pousse à réagir d'abord par la prière quand nous sommes dans une situation difficile, quelle qu'elle soit ? Cela ne peut pas faire de mal de prier. Avant l'expérience du pneu crevé, je pensais que nous étions censés prier uniquement si ça allait très mal.

Voici ce qui arriva. Imaginez-moi à genoux près de la voiture, sur le point de prier pour mon pneu. J'en étais encore à me demander si c'était correct qu'un chrétien prie pour de si petites choses. Je fermai les yeux et m'appuyai contre le pneu, qui était complètement à plat. Tout en espérant que personne ne passât en voiture et ne vît ce dingue à genoux, je commençai à me demander ce que faisait Danelle. Je me redressai sur mes genoux et regardai à travers la vitre, et quelle ne fut pas ma surprise de la voir assise là, les bras croisés, attendant tout bonnement que Dieu fasse quelque chose. Elle avait la foi, moi, j'avais un pneu crevé.

Je m'appuyai à nouveau contre le pneu quand soudain la voiture fut secouée violemment. Je baissai les yeux : le pneu était gonflé au quart. J'en déduisis que le fait de m'y être appuyé avait en quelque sorte déplacé de l'air et qu'il donnait donc maintenant l'impression d'être un peu gonflé. Je refermai les yeux, et j'eus la sensation étrange, au plus profond de moi, qu'il allait se passer quelque chose. La voiture fut secouée encore une fois. (J'ai appris plus tard que l'endroit où les chrétiens priaient avait été ébranlé par le Saint-Esprit, Ac 4.) Je regardai le pneu, il était à moitié gonflé.

J'ai failli faire une crise cardiaque. J'avais étudié les sciences pendant près de neuf ans à l'université et voici que, sous mes yeux, sans aucune explication humainement possible et en dépit de toutes les lois universelles de la physique, mon pneu se gonflait. Impossible, me disait mon esprit, mais mes yeux voyaient ce pneu à moitié gonflé. C'est une chose d'entendre parler d'un pneu crevé qui se regonfle tout seul, c'en est une autre de le voir.

J'ai sauté sur mes pieds et ai crié à Danelle que Dieu était en quelque sorte en train de regonfler le pneu. Elle s'est contentée d'opiner de la tête d'un air entendu. Pour elle Dieu allait faire quelque chose, c'était évident. Je montai en voiture et lui dis qu'avec le pneu à moitié gonflé je pouvais conduire jusqu'à la maison prendre la roue de secours. Elle roula des yeux, l'air de dire qu'elle était mariée à un homme de peu de foi, et admit de retourner chez nous.

En descendant de voiture à l'arrivée, je fus stupéfait de voir que notre pneu avait fini de se regonfler en route. Je me demandais si un ange avait couru à côté de la voiture avec une pompe et l'avait regonflé. Je comprends que vous ayez du mal à croire une histoire pareille, mais c'est arrivé.

J'ai compris à ce moment-là que Dieu était plus grand que toutes les lois universelles de la physique qu'il avait établies. J'avais passé plus du tiers de ma vie à étudier les sciences à l'université. Cette fois j'étais en face de quelque chose d'encore plus grand que la science. Je remontai en voiture et nous sommes allés au travail sans changer la roue.

Nous n'avons plus jamais eu de pneu crevé regonflé sous le seul effet de la prière, bien que les gens nous demandent souvent de prier pour les leurs. D'ailleurs, si vous avez un pneu crevé, que vous priez pour qu'il se regonfle sans pompe, et qu'il ne l'est pas, je vous suggère de le porter chez le réparateur ou de mettre un cric et une roue de secours dans votre coffre.

Cette intervention divine pour notre pneu crevé nous a appris deux choses. Premièrement, que Dieu se préoccupe des petites choses de notre vie. Il est si « grand » qu'il a créé l'univers. Il est si personnel qu'il a eu le temps de venir à six heures moins le quart du matin dans une petite ville du nord du Colorado pour regonfler notre pneu. Pas besoin de trembler et de ramper devant un Dieu qui prend soin des plus petites choses de notre vie, de celles qui semblent sans importance. Si nos pneus ou nos poches ont des trous et que Dieu s'en soucie, combien plus s'il s'agit de nos familles ou nos cœurs.

La deuxième chose que nous avons apprise, c'est que Dieu est plein de Miséricorde. Il lui arrive de réparer des choses qui « normalement » devraient rester brisées. La Miséricorde c'est remettre quelque chose dans son état d'origine grâce à une intervention de Dieu. Nous ne qualifierons pas de miracle la « guérison » du pneu crevé car seule l'Église peut en décider, mais cet événement a façonné toute notre manière de voir Dieu et son amour pour nous. Ce fut vraiment un acte de Miséricorde car « cela n'aurait pas dû » arriver et c'est totalement inexplicable humainement.

La Miséricorde, c'est remettre quelque chose dans son état d'origine grâce à une intervention de Dieu.

Tout au long de ce livre nous essaierons, avec nos limites, d'introduire le lecteur auprès du seul Dieu que nous connaissions, le Dieu du pneu crevé, le Dieu de Miséricorde. Que vous croyiez ou non que Dieu a regonflé notre pneu n'a pas tellement d'importance. L'important, c'est de croire que Dieu désire ardemment transformer par sa Miséricorde nos vies brisées et, pour que celle-ci s'exerce dans une vie, il faut qu'il y ait quelque chose de brisé d'une façon telle que seul Dieu puisse la réparer. La Croix est la pompe de la Miséricorde de Dieu.

CHAPITRE II

Pourquoi suis-je ici ?

Quel est le but de la vie ? Qu'est-ce que je fais sur terre ?

Tout a été fait pour une fin précise. Un marteau sert à enfoncer des clous. On peut s'en servir de levier, mais il n'a pas été conçu pour cela. Une chaise capitonnée sert à s'asseoir confortablement. On peut monter dessus tout debout, mais on ne devrait pas le faire. Un chapeau se porte sur la tête, même si on peut s'en servir de sachet en cas de mal de l'air comme l'a fait notre fils, alors âgé de quatre ans, au cours de notre atterrissage en Afrique. Regardez autour de vous, vous verrez bien des choses utilisées autrement que selon l'usage prévu par le fabricant.

Certaines choses sont faites pour une fin bonne et d'autres, malheureusement, pour une fin mauvaise. Le couteau fut inventé pour couper la nourriture. On peut s'en servir de tournevis mais on risque de le voiler, et il n'a pas été fait pour cela, demandez donc à ma femme. On peut aussi s'en servir pour tuer, mais au départ il n'a pas été conçu pour cela. La mitraillette a été inventée pour tuer beaucoup de gens à la fois. La fin est mauvaise, mais, utilisée à cette fin, la mitraillette peut se montrer très efficace. Nous pensons d'ailleurs qu'on n'aurait jamais dû en fabriquer. Tout ce qui a été conçu dans l'intention de blesser, mutiler ou tuer un autre être humain n'aurait jamais dû être fabriqué. Dieu le

Père n'a fait qu'un seul instrument de mort, la croix du Christ, dans le but de sauver l'humanité.

Quand des gens utilisent des objets à des fins différentes de celles pour lesquelles ils ont été conçus, il arrive que ni eux ni les objets en question n'atteignent leur but. Pour les voitures, il s'agit de transporter des passagers d'un endroit à un autre et, correctement utilisées, elles remplissent leur rôle. Quand on voit une fourgonnette servir de maison à un pauvre, on se sent mal à l'aise car ni lui ni la fourgonnette n'ont été faits pour cela.

Nous rencontrons presque chaque jour des gens qui n'ont pas atteint le but pour lequel ils étaient faits. Leurs potentialités ne sont jamais devenues réalité. Cela fait tellement mal de voir des sans-abri, des personnes droguées ou prostituées, des enfants soldats ou travaillant en usine, de rencontrer tant de gens qui se débattent dans le mariage, tant de divorcés malheureux, ou encore de chômeurs, de personnes victimes de maladies inguérissables... La liste est interminable et tous nous souffrons dans notre cœur parce que, tout au fond de nous, nous sentons intuitivement que quelque chose ne va pas. Que s'est-il passé ? Que peut-on faire ? Il nous faut considérer le dessein originel du Constructeur, la fin qu'il avait en vue quand il nous a faits.

Quel est le but de la vie ? Pourquoi suis-je ici ? Nous croyons que si nous sommes ici c'est qu'il y a un but, un objectif, qui l'emporte sur tous les autres. C'est *le* but ! Le but de la vie c'est de recevoir la Miséricorde de Dieu et de la refléter, devenant ainsi en quelque sorte le Cœur de Jésus[1]. Est-ce le but de la vie du chrétien ou le

1. Il est évident qu'on ne peut pas devenir le Cœur de Jésus. Mais nous sommes membres du Corps du Christ. Le membre que je désire être est son Cœur. C'est un symbolisme hyperbolique mais qui me convient bien, sans diminuer l'unique dignité du Cœur de Jésus. Ne devons-nous pas aspirer à l'union au Cœur de Jésus ?

but de toute l'humanité ? Interrogez votre cœur ! En tant que chrétiens, nous croyons que le but de notre vie est lié au fait de « devenir » Miséricorde, ou petites « Miséricordes » à l'image de l'incarnation de la divine Miséricorde, Jésus-Christ. C'est notre solution pour tout ce qui ne va pas dans le monde.

Le but de la vie : recevoir la Miséricorde de Dieu et la refléter, devenant ainsi en quelque sorte le Cœur de Jésus.

Pour cette étude de la Miséricorde, nous avons décidé d'aller chercher les réponses dans notre cœur ou dans la Bible plutôt que dans d'autres livres ou commentaires. Nous avons aussi essayé de ne pas regarder les notes de nos bibles. Tout ceci pour pouvoir trouver le Chemin en apprenant à écouter notre propre cœur.

Nous avons aussi décidé de partir du principe que la Miséricorde était la raison de tout plutôt que de débattre de « si » et de « mais », ce qui aurait pu facilement absorber tout le temps de la méditation. Mieux vaut être pris en défaut du côté de la Miséricorde et avoir tort.

Est-il faux de croire que Dieu est bon et aimant, et qu'il ne nous manquera jamais ? Non, non et non ! Laissez le Dieu de la Miséricorde être fidèle et tout homme être menteur. Il est au-dessus de toute Miséricorde et nous croyons qu'en nous abandonnant à sa Miséricorde nous lui devenons semblables.

Dans les écoles de Miséricorde[2] nous faisons du porte-à-porte comme des mendiants cherchant d'abord à recevoir ce que nous espérons pouvoir offrir aux autres. Quand quelqu'un nous ouvre, nous disons : « Bonjour, nous sommes dans une école de Miséricorde

2. Voir Appendice II.

pour apprendre comment recevoir et refléter la Miséricorde. Avez-vous quelques minutes à nous accorder pour nous aider à mieux apprendre cela ? » C'est plus qu'une méthode pour engager la conversation, c'est le but de notre visite, que dis-je ? c'est le but de notre vie.

En rencontrant les gens et en étant à l'écoute de leur cœur et de leur vie, nous sommes transformés. Tantôt nous parlons, tantôt nous ne parlons pas. La Miséricorde se transmet d'un cœur à l'autre pendant que nous écoutons, et petit à petit elle nous envahit jusqu'à ce qu'il n'y ait plus qu'elle. En la recevant, nous nous transformons et commençons à refléter cette transformation. Cela touche le cœur de la personne que nous rencontrons et la Miséricorde la transforme. Les changements sont parfois imperceptibles, d'autres fois ils sont évidents, mais il y a toujours un changement quand la Miséricorde de Dieu est dans la balance.

C'est en quelque sorte un paradoxe car le changement survient au contact de personnes qui ne remplissent pas leur objectif. C'est parce que leurs besoins et leurs blessures sont immenses que la Miséricorde se répand plus facilement à travers elles. Quelle ironie : c'est en étant aux côtés de ceux qui paraissent lui ressembler le moins que nous devenons le plus semblables à Dieu. Dans le manque s'ouvre un espace où la Miséricorde se répand. Si tout notre potentiel se réalisait pleinement, alors on n'en aurait pas besoin.

C'est en étant aux côtés de ceux qui paraissent lui ressembler le moins que nous devenons le plus semblables à Dieu.

Nous mendions et nous prodiguons vraiment la Miséricorde. Nous mendions la perle de grand prix, l'eau de la Vie, la Miséricorde. Nous voulons remplir notre objectif, alors nous partons à la recherche de la

Miséricorde. Où la trouver ? Là où la souffrance est la plus grande, là où les gens sont le plus loin de ce pour quoi ils ont été créés au départ.

Dès que nous l'avons trouvée, nous devons en libérer la puissance en la recevant dans nos vies brisées et en la reflétant ensuite autour de nous, dans les cœurs qui la cherchent. C'est comme de remplir un baquet d'eau et d'aller le verser dans le baquet vide d'un autre. Quand nous cessons de mendier la Miséricorde, nous cessons de la refléter. Elle se répand en nous pour être portée dans notre cœur jusqu'à ce que celui-ci rencontre un autre cœur prêt à mendier la Miséricorde qui est dans le nôtre. Nous devons alors la libérer, puis nous remettre à mendier et nous remettre à donner.

Voici un autre mystère. Nous recevons la Miséricorde tout autant au contact de l'humanité souffrante qu'en présence de Jésus dans le Saint Sacrement. Pourquoi ? Parce que là où il y a de grands besoins la Miséricorde est présente, attendant qu'on la laisse s'épancher dans les âmes assoiffées. Quand nous faisons du porte-à-porte, c'est donc autant pour la recevoir que pour la refléter.

L'une des bénédictions de ce monde, qui est aussi source de difficulté, c'est d'être tous reliés au sein de la famille humaine. Pour que le monde soit guéri, il faut que chacun de nous apprenne à recevoir et à refléter la Miséricorde. Nous devons tous être en train de « devenir » le Cœur de Jésus. Nous devons cesser d'agir en vue d'objectifs mauvais, cesser d'utiliser les gens pour autre chose que ce pour quoi ils ont été créés. Il faut travailler ensemble. Partout la jeunesse comprend cela. Il arrive qu'en vieillissant nous ayons tendance à nous contenter de moins que notre objectif divin, mais il n'est jamais trop tard pour revenir à notre premier objectif afin que tous puissent devenir images du Cœur de Dieu.

CHAPITRE III

Ne faire qu'un avec le Cœur de Jésus

Que veux-tu faire quand tu seras grand ? Tous, nous avons en nous beaucoup de bonnes aspirations, mais quelle est la meilleure chose que nous puissions désirer, celle que nous allons nous efforcer d'acquérir, pour laquelle nous allons vivre et mourir ?

« Regarde, voici le Cœur de Jésus qui descend la rue. » Imaginez que nous tous, catholiques, nous marchions dans le monde à l'image du Cœur de Jésus : courbés, le pas lent, prenant les brebis perdues par surprise, les empoignant et les ramenant à la bergerie.

Nous vénérons le Sacré Cœur de Jésus jusqu'à ne plus faire qu'un avec lui. Dans notre coin de prière nous avons une statue de Jésus montrant du doigt son Cœur ouvert. Qui a jamais vu une statue de Jésus le crâne ouvert, montrant du doigt son cerveau ? Vénérer le sacré cerveau de Jésus !

Il existe tant d'images du Cœur immaculé de Marie au côté du Sacré Cœur de Jésus ! Vous en portez sans doute une autour du cou ou sur votre cœur. Pourquoi ? L'Église voudrait peut-être nous montrer ce que nous sommes en devenir. Notre objectif final c'est de n'être plus qu'un cœur. Nous sommes créés à l'image du Cœur de Dieu. Cela ne minimise en rien l'importance d'utiliser sa tête pourvu qu'elle soit renouvelée et guidée par le Cœur de Dieu en nous.

Quelle est la différence entre le Cœur de Jésus et celui de Marie, entre leurs Cœurs et le cœur nouveau que nous recevons tous au baptême ? En principe, tous trois ne font qu'un, à ceci près : notre cœur a besoin d'être *transpercé* pour que la Miséricorde divine qui est en lui puisse se répandre sur le monde.

Quand je serai grand, je veux être le Cœur de Jésus et de Marie parcourant le monde, rassemblant les brebis perdues et les plongeant dans le Sang purificateur de la Miséricorde. Nous prions, nous adorons, nous méditons le rosaire, nous évangélisons... pour « devenir » le Cœur transpercé de Jésus. Au commencement, Dieu créa l'homme à l'image de son Cœur. Nous voulons être le Cœur d'enfant de Jésus quand nous atteindrons l'« âge mûr ». Je vous invite à méditer sur la couverture de ce livre. Jésus y a la forme d'un cœur. Il est le Cœur de Dieu, la Miséricorde de Dieu. C'est bien ce que nous voulons être ? Priez pour moi, parlez-moi, posez-moi des questions qui feront de moi son Cœur. Cela a l'air ridicule, mais nous voulons ressembler au Cœur de Jésus au point que les gens s'écrient en nous voyant passer dans la rue : « Oh ! regarde, c'est le Cœur de Jésus qui passe dans la rue. » Pas le portefeuille ou le cerveau, le Cœur. C'est ce genre de rencontre que nous sommes tous impatients de faire.

Se laisser surprendre par la Miséricorde.

Danelle aime l'expression du mouton sur l'image. Il a été surpris par la Miséricorde. On l'entend presque crier : « Waouh ! Il m'a eu. J'ai été saisi par sa Miséricorde. » La Miséricorde est effectivement une surprise pour beaucoup d'entre nous. Nous nous attendons à être jugés et nous nous faisons prendre par la Miséricorde. Au fond, c'est tout juste si nous n'espérons pas le jugement pour « payer pour tout le mal que nous avons fait », et, comme l'aigle, Il fond sur nous et nous emporte dans ses bras miséricordieux. En lisant attentivement les histoires du chapitre 15 de l'évangile de Luc nous apprenons beaucoup de choses sur le sens du mot « perdu ». Quand j'étais pasteur, pendant des années, je pensais que le mot « perdu » voulait dire « ne pas avoir de propriétaire », être séparé éternellement de Dieu. Alors que dans ces trois histoires, celle de la drachme perdue, celle de la brebis perdue et celle du fils perdu, on voit que ce qui est perdu appartient toujours à quelqu'un. Ici, « perdu » a le sens d'« égaré », il s'agit d'une séparation temporaire. La pièce, la brebis et le fils ont chacun un « propriétaire ». La femme, le berger et le père sont à la recherche de quelque chose qui, au départ, était en sécurité à la maison.

Vous avez été créés par Dieu et pour Dieu et si vous êtes perdus, c'est temporaire, cela ne durera que jusqu'à ce qu'Il puisse vous faire rentrer à la maison. Votre cœur le sait. Écoutez-le, et il vous montrera le chemin. Ne soyez pas surpris si, sur le chemin du retour, le Père se fait du souci pour vous et envoie la Miséricorde vous relever.

L'amour miséricordieux de Jésus est si simple et si humble, comme l'image. Il est là, dans la lumière vive du jour, les pieds nus ; son visage est celui d'un homme de n'importe quel peuple ; le souci numéro un de son Cœur : la brebis. Il faudrait que vous voyiez l'original : deux mètres de haut sur plus d'un mètre de large. Nous sommes comme cette brebis – vous, moi, tout le monde. La Miséricorde s'approche de nous à pas de loup et nous rassemble tendrement à la maison.

La brebis et le Cœur sont si proches l'un de l'autre qu'on a du mal à les séparer.

Alors, sans le savoir, on se met un jour à « devenir » le Cœur qui relève les brebis. Francesco est un ami intime qui habite un hangar. Je me souviens de son commentaire quand il a vu l'image du Cœur de Miséricorde : « La brebis et le Cœur sont si proches l'un de l'autre qu'on a du mal à les séparer. » J'ai pris note et ce qu'il m'a dit m'a instruit. Avant de le quitter ce jour-là, je lui ai demandé : « Pourrions-nous prier en silence, toi et moi ? Je serais la brebis et tu serais le Cœur de Jésus, d'accord ? » Sur le coup, il a eu l'air un peu perplexe, ne sachant pas exactement comment être ce Cœur. Cependant il dit oui de la tête. Je me suis mis à quatre pattes devant lui. Il s'est penché sur l'« agneau » et m'a tenu, sa tête reposant sur mon dos. Je médite encore sur la Miséricorde que j'ai reçue ce jour-là.

CHAPITRE IV

L'Évangélisation catholique dans un monde blessé

Seule l'Évangélisation catholique peut combler ce monde blessé qui aspire à la Miséricorde.

L'Évangélisation ne se fait pas en réaction ou en opposition à une personne ou à une philosophie. Comme nous l'a dit récemment un étudiant de l'école d'Évangélisation de l'Emmanuel à Rome : la différence entre prosélytisme et Évangélisation, c'est que le prosélytisme consiste à vouloir imposer sa foi à quelqu'un, tandis qu'on évangélise en suscitant chez l'autre le désir d'entrer dans la plénitude du Christ en raison de sa grande Miséricorde[1].

Le prosélytisme consiste à vouloir imposer sa foi à quelqu'un, tandis qu'on évangélise en suscitant chez l'autre le désir d'entrer dans la plénitude du Christ en raison de sa grande Miséricorde.

L'Évangélisation catholique est difficile, car la Miséricorde part toujours d'un cœur crucifié pour se répandre dans un cœur blessé. Il nous arrive de voir des catholiques essayer courageusement d'évangéliser en utilisant

1. Pour en savoir plus sur les différences entre prosélytisme et Évangélisation, voir Appendice II.

une force et des techniques ressemblant étrangement à ce que nous faisions avant d'avoir rencontré le Christ crucifié et sa Mère au Calvaire. Parce qu'on leur a communiqué de faux espoirs et de fausses menaces, les personnes en recherche sont malencontreusement poussées à obéir par obligation. C'est seulement en lui transmettant la Miséricorde qu'une personne blessée va s'abandonner entre les mains de son Sauveur blessé qui lui apportera la paix promise (Mt 11, 28-30).

C'est comme la différence entre manger des produits de la restauration rapide et manger un vrai repas français. Les premiers nous rassasient un petit moment et créent une dépendance. Le second n'a pas seulement bon goût, il nous rassasie vraiment et comble nos besoins nutritionnels. Prêcher un évangile de promesses plutôt qu'un évangile de sacrifices ne comblera jamais notre besoin de nous donner totalement à cet autre qui s'est donné totalement pour nous.

Notre culture actuelle est fondée sur le mot *plus*. La culture de l'amour se fonde sur le mot *moins*. C'est seulement le « il faut qu'il croisse et que je diminue » qui nous comble vraiment. Ne semer et ne moissonner que des œuvres au lieu de semer ma vie pour devenir semblable au Cœur du Christ crucifié ! Semer de l'argent est un pauvre ersatz du don désintéressé de sa propre vie.

Cet appel à une vie désintéressée résonne comme les enseignements que nous avons reçus la première fois que nous sommes devenus missionnaires. Même si nous n'avions pas une compréhension intime de la Miséricorde, on nous a appris que si le Christ avait tout donné, nous ne pouvions donner moins ! Alors nous avons donné toute notre force et toute notre sécurité financière, notre jeunesse, notre emploi pour donner la première place aux Africains. Maintenant nous sommes vieux et nous comprenons un évangile de sacrifice et de Miséricorde. Heureusement, nous avons fait le bon choix.

Si le Christ a tout donné,
comment pourrions-nous donner moins !

Nos cœurs ont un peu la nausée d'entendre et de voir prêcher à la télévision l'« évangile du tout pour moi ». C'est vraiment cruel de promettre aux gens des ersatz de sanctification en prenant la voie facile qui consiste à semer de l'argent plutôt que du sang. Un évangile à l'eau de rose ne peut satisfaire que jusqu'à la prochaine dose de louange et à la prochaine étude biblique du « toujours plus ». Mais l'évangile du don de soi, tout en nous laissant toujours faibles, fortifie le cœur rempli de Miséricorde.

L'Évangélisation catholique dans un monde blessé doit inclure les sacrements, baume qui guérit les blessures. Nous avons tous besoin des sept sacrements de l'Église, tous ! Cela me rappelle une visite récente à la basilique de Montmartre à Paris avec un évêque. Nous sommes passés sous le grand porche au milieu d'un flot de touristes s'éparpillant dans toutes les directions. J'accompagnais l'évêque qui voulait se confesser. On ne pouvait pas savoir qu'il était évêque car il faisait froid et son manteau recouvrait sa grande croix. Nous nous sommes approchés du confessionnal et nous avons vu qu'il n'y avait qu'un prêtre pour une longue file d'attente. Je me souviens que j'ai pensé : « Soit l'évêque se met en tête de la file comme il le devrait, soit nous reviendrons un autre jour. » Mais ce n'est pas ce qu'il fit. Il prit tout simplement la chaise libre au bout de la file et je me suis assis à côté de lui.

L'Évangélisation catholique, c'est aussi prendre
sa place sur un siège de Miséricorde.

L'Évangélisation catholique c'est aussi prendre sa place sur un siège de Miséricorde. Il y avait au moins dix personnes devant nous, voire plus. Les gens passaient à leur tour et à chaque fois nous avancions d'un siège, comme au jeu des chaises musicales. Ces chaises me font penser à des sièges de Miséricorde nous rapprochant petit à petit du trône de la Miséricorde de Dieu (He 4, 16). Je fus profondément touché par l'humilité de cet évêque et par son désir d'évangéliser par le sacrement de confession ces zones de son âme qui ont besoin de l'Évangélisation par la Miséricorde. Si un évêque fervent éprouve le besoin d'être évangélisé par ce sacrement, combien plus en ont besoin ces catholiques souffrant de blessures infectées depuis longtemps.

Dieu a sa part et nous avons la nôtre. Dieu évangélise l'âme de l'homme par les sacrements. C'est à nous d'aller par les rues et de ramener doucement vers l'Église ceux qui sont en recherche. Le rôle de Dieu, c'est de donner à d'humbles prêtres l'onction pour administrer les sacrements de pénitence, baptême, eucharistie, onction des malades, ainsi que pour prêcher la Parole, etc. Notre rôle à nous, c'est de conduire les brebis au prêtre. Nous ne pouvons pas les y traîner comme je le faisais quand j'étais évangélique, mais nous pouvons les supplier de venir (2 Co 5, 19-20), ou les porter, ou bien les guider ou encore les prier de revenir. Toutes ces méthodes exigent de la Miséricorde. La Miséricorde ne viole pas le libre arbitre de l'homme mais, du haut de la croix, elle discute amoureusement avec lui (Is 1, 18).

CHAPITRE V

Bonté et non tolérance

Soyez bons, car tous ceux que vous rencontrez livrent une grande bataille. Soyez vrais, et non tolérants, car ils cherchent le chemin.

Jésus a montré sa Miséricorde pour les foules en les nourrissant ; il a montré sa Miséricorde envers ses disciples en les appelant à la sainteté. (Au sujet de notre propre pèlerinage vers la Bonté, lire *Le Coup de Grâce*[1] et *À la recherche du Jardin perdu.*) Si vous faites partie de la « foule », Jésus se révélera toujours à vous sous les traits de la Miséricorde. Si vous êtes son disciple, sa Miséricorde vous appellera et vous conduira à une vie crucifiée.

La Miséricorde est d'abord une disposition du cœur qui s'exprime par la Bonté et non par la tolérance. La Miséricorde, c'est ce que vous êtes, plus que ce que vous faites. La Bonté de Dieu sort de nos cœurs et afflue vers tous les gens, particulièrement vers ceux qui nous sont les plus proches. Jusqu'à ce que je rencontre Marie et Jésus crucifié, à l'âge de cinquante et un ans, le plus grand combat de ma vie, ma guerre totale, et de loin, fut la bataille de la Bonté envers mes proches. L'attitude de notre prochain, son péché ou ses réactions ne devraient

1. R. et D. BORGMAN, *Le coup de grâce*, Trinité Média Communication, 2000.

en aucun cas agir sur notre Bonté à son égard. Nous pouvons tous être bons envers ceux qui se montrent bienveillants et reconnaissants. Si nous voulons être comme Dieu, alors nous apprendrons à être bons même envers ceux qui sont méchants et ingrats (Lc 6).

Jésus et Marie sont nos modèles. Alors qu'on le ridiculisait et qu'on le défiait de descendre de la croix pour prouver on ne sait quoi, Jésus priait avec Bonté : « Père, pardonne-leur, ils ne savent pas ce qu'ils font. » Du haut de la croix, il ne coulait que Bonté du Cœur de Jésus. Il pardonna au monde, sauva le voleur et partagea sa mère avec nous. La Miséricorde divine se manifeste par la Bonté dans des situations crucifiantes. Alors que Jésus mourait, Marie se tenait là en silence, soumission et Bonté. Elle ne jugea pas, elle ne toléra pas le péché mais, comme Mère, elle laissa libre cours à sa Bonté aimante dans la plus difficile des situations.

La Miséricorde divine se manifeste par la Bonté dans des situations crucifiantes.

Quand vous ne savez pas comment réagir lors d'une rencontre difficile, suivez toujours la voie tracée par Jésus, Marie et l'Église. Ils savent qu'une bataille se livre dans la vie de la personne rencontrée. Tout le monde livre un grand combat. Que ce soit à cause de blessures, de problèmes financiers ou familiaux, ou pour toute autre raison, tous ceux que nous rencontrons livrent bataille. Alors nous pouvons être bons comme Jésus en croix, comme Marie regardant nos « péchés » tuer son fils, comme l'Église en butte à de constantes attaques parce qu'elle refuse de tolérer le péché et s'appelle elle-même à la sainteté.

D'autre part, la tolérance telle qu'on l'entend aujourd'hui n'est pas un attribut du Cœur de Dieu et finit en cruauté et souvent en destruction, ce qui est l'inverse de la Bonté. Les dix commandements ne suffisent pas à un cœur de Miséricorde. Ce dernier ne nous permet pas de désobéir au commandement du cœur : « Aime ton prochain comme toi-même. » Comment l'aimons-nous ? En étant bon envers lui. Et s'il ne reçoit pas la Bonté dans une bonne disposition ? Ce qu'il fait ou ne fait pas ne devrait pas entrer en ligne de compte.

Ne lancez pas une ancre mais une planche de salut à votre prochain qui se noie. Il nous faut mettre en pratique le « prince » des fruits de l'Esprit, la maîtrise de soi (Ga 5, 22-23). Face aux demi-vérités, ce n'est pas par le silence que se manifeste la maîtrise de soi, mais en disant la vérité... dans la Bonté (Ep 4, 15). Elle triomphe de l'erreur par le bien (Rm 12, 21). Elle ne viole pas le libre arbitre mais ressemble plutôt à une planche de salut lancée à un nageur en péril. Rien ne l'oblige à saisir la vérité salvatrice qui lui est offerte avec Bonté, mais ne serait-ce pas cruel de ne pas la lui lancer ? Avant que Jésus et Marie n'aient transformé ma blessure en cette Miséricorde qui s'exprime par la Bonté, je lançais toujours « l'ancre de la vérité » à ceux qui se noyaient et ils se retrouvaient invariablement en train de sombrer « au fond du désespoir ». Quand on dit la vérité avec Bonté à quelqu'un, cela va soit le pousser à désirer changer, soit le pousser à désirer vous crucifier. C'est de la cruauté de ne rien dire devant quelque chose qui peut tromper quelqu'un et finir par le détruire ; c'est un des pires péchés, car la cruauté est un acte délibéré.

Ne lancez pas une ancre mais une planche de salut à votre prochain qui se noie.

Nous ne sommes pas Dieu, nous ne devons donc pas juger, mais en nous la Miséricorde nous force à exprimer le Cœur de Dieu face aux extrêmes en christianisme. C'est déroutant pour certaines personnes : en effet, quand elles nous entendent parler, ou lisent ceux de nos articles qui mettent en évidence les folies actuelles de certaines sectes chrétiennes, elles pensent que notre position est contraire à la Bonté. Elles vous diraient que ce n'est pas tolérant de parler ou d'écrire ainsi. Nous croyons que ce serait cruel de laisser les gens dans l'obscurité au sujet de la plénitude de la révélation de Dieu que l'on trouve dans l'Église catholique, bien que l'on puisse considérer cela comme de la tolérance.

Jean-Paul II fut sans doute la personne qui eut la plus grande Bonté de son siècle, et pourtant il nous a fermement appelés à la sainteté. Ce que l'on a dit de Catherine de Sienne pourrait facilement s'appliquer à lui. « Les artistes peignent des saints écrasant sous leurs pieds la tête d'animaux méchants. Catherine a écrasé sous son pied un siècle de mal[2]. » Et Jean-Paul II le fit avec Bonté. Je me demande ce que serait le monde aujourd'hui s'il n'avait pas passé le plus clair de ses quatre-vingt-quatre années à se battre pour l'âme de l'humanité.

La Vérité dite sans Bonté est un mensonge ; la Bonté qui s'exprime en dehors de la Vérité n'est que cruelle tolérance. Comme le dit notre fils Jim : « Quand vous ne disposez que d'un marteau, tout ressemble à un clou. » Et c'est pour cela que nous évangélisons : pour apporter, par une Bonté aimante, la Vérité éternelle à l'humanité. Je veux remercier des amis catholiques comme Jean-Paul II, saint Paul, saint Augustin, saint Thomas d'Aquin, saint Thomas More, saint Philippe Neri, et Gilbert Keith Chesterton pour m'avoir aidé à exprimer la Vérité avec Bonté et sans tolérance.

---

2. Introduction à une édition du *Dialogue* de Catherine de Sienne.

Nous sommes d'accord pour dire que, si vous ne pouvez pas exprimer la Vérité avec une Bonté aimante, il veut mieux ne rien dire et vous contenter de prier. La prière changera la situation. La question est de savoir si passer des heures en prière changera la situation.

Soyez bons, car tous ceux que vous rencontrez
livrent une grande bataille. Soyez vrais,
car ils cherchent le chemin.

CHAPITRE VI

« Ragionamento » spirituel

« Ne l'ayant pas trouvé, ils revinrent, toujours à sa recherche, à Jérusalem. Et il advint, au bout de trois jours, qu'ils le trouvèrent dans le Temple, assis au milieu des docteurs, les écoutant et les interrogeant ; tous ceux qui l'entendaient étaient stupéfaits de son intelligence et de ses réponses » (Lc 2, 45-47).

Ici, au début de sa vie et de son ministère, nous prenons connaissance de la méthode de Jésus pour communiquer avec sa création. Ils le cherchent, comme le fait toute l'humanité. Nous le croyons perdu. Mais non, il est là où il doit être, et communique par des conversations spirituelles ou « des conversations de *ragionamento* spirituel ». À douze ans, Jésus nous donne le vin le meilleur, celui de l'Évangélisation par la Miséricorde.

La première fois que nous avons entendu le mot italien *ragionamento*, nous étions en train d'étudier la vie d'un de nos saints favoris, saint Philippe Neri. Pendant le XVIe siècle, en tant que second apôtre de Rome, il a, presque seul, renouvelé l'Église catholique de l'intérieur. Et il le fit principalement par le *ragionamento* : des conversations spirituelles avec échanges de questions et réponses. Il ne prêcha que très rarement mais, selon les besoins de ceux qui étaient là, il préféra les aider avec beaucoup de tact à trouver la réponse en eux-mêmes[1].

Nous en étions encore au début de notre étude de l'évangile de Luc quand nous avons découvert que Philippe ne faisait que suivre la méthode de son maître. Veuillez regarder le passage de l'Écriture ci-dessus. Comment Jésus enseigna-t-il ? Sa méthode est la voie de la Miséricorde. Est-ce qu'il fulminait et tempêtait sur scène en haranguant les foules qui l'acclamaient ? C'est ce que je faisais. Leur a-t-il promis le succès si seulement elles investissaient dans son projet ? Non, non et non !

Le Fils de Dieu, créateur de la création, éternelle Sagesse du Père, était assis humblement au milieu des maîtres, les écoutant et leur posant des questions. La voie de la Miséricorde est celle de l'écoute. Il avait avec eux des conversations spirituelles. Ce qu'ils avaient à dire était important à ses yeux. Ce que *vous* avez à dire est important à ses yeux. Et après avoir entendu ce qu'ils avaient à dire, il leur posa des questions, non pas pour les piéger, mais pour entendre leurs cœurs.

Il avait tant de bienveillance et de Miséricorde qu'ils se mirent à l'interroger et furent époustouflés par ses réponses. La Miséricorde commence par recevoir et elle reflète ensuite les fruits de ce qu'elle a reçu, c'est ce que Jésus nous a appris et nous pouvons nous permettre d'en faire autant avec tous ceux que nous rencontrons. Ce n'est pas une technique psychologique, même si toute bonne communication est fondée sur l'écoute et le questionnement. Jésus nous a appris l'Évangélisation par la Miséricorde.

1. Voir L. Ponnelle et L. Bordet, *Saint Philippe Neri et la société romaine de son temps*, 1928, p. 97 ; voir Appendice I sur saint Philippe Neri.

Jésus prend tellement soin de nous qu'il veut tout simplement s'asseoir et nous écouter.

Imaginez ceci : Jésus est assis dans le Temple de votre cœur et veut vous écouter (Jn 14, 23). Il ne veut pas seulement que vous lui donniez la liste de vos besoins et de vos souffrances, il veut entendre ce que vous pensez au fond de votre cœur. Il veut avoir une conversation spirituelle avec vous. « Viens et discutons... » (Is 1, 18). Il prend tellement soin de nous qu'Il veut juste s'asseoir et écouter. Celui qui désire qu'un jour nous écoutions son Esprit désire vraiment nous écouter.

Que ce soit seul avec Dieu dans notre cœur ou dans un plus ou moins grand groupe, la meilleure méthode d'Évangélisation est le *ragionamento* spirituel. C'est la méthode de la Miséricorde. C'est le but de la vie : recevoir et refléter la Miséricorde, et « devenir » le Cœur de Jésus.

L'Évangélisation par la Miséricorde divine consiste à suivre l'exemple de Jésus, premièrement en s'asseyant dans un cercle ; deuxièmement en écoutant et en questionnant, ce qui conduit à recevoir la Miséricorde divine ; troisièmement en parlant du fond du cœur, ce qui conduit à refléter la Miséricorde divine. Résultat : toutes les personnes présentes deviennent plus miséricordieuses et se mettent elles aussi à refléter la Miséricorde divine.

Que cela se passe en groupe, « dans le Temple », au supermarché ou en faisant du porte-à-porte, la méthode de *ragionamento* spirituel reste la même. C'est la méthode d'Évangélisation de Jésus. Il a commencé il y a deux mille ans. L'apôtre Paul a continué en Actes, 19. Saint Philippe Neri en fit un moyen d'expression dans l'Église du XVIe siècle et réévangélisa la plus grande partie de l'Église de Rome.

Au baptême, toutes les réponses à toutes les questions essentielles de la vie se trouvent à l'état de semence dans le sacrement.

Au baptême, toutes les réponses à toutes les questions essentielles de la vie se trouvent à l'état de semence dans le sacrement. Une personne peut trouver le chemin de la vie si on lui permet de parler du fond du cœur. Dans la communication par le *ragionamento* on répond à beaucoup de ses propres questions. Combien de fois vous est-il arrivé de poser une question et, avant que votre interlocuteur n'ait pu répondre, la réponse vous a traversé l'esprit ! D'où cela venait-il ? Peut-être de votre cœur.

Une personne se développe moralement et découvre le chemin de la plénitude de la Révélation en trouvant beaucoup de réponses aux questions essentielles de la vie au fond de son propre cœur. Nous avons interrogé nos cœurs jusqu'à ce qu'ils nous conduisent à Marie et à l'Église. Entendre ce que Dieu nous dit dans nos cœurs implique la volonté d'obéir.

Quand quelqu'un trouve lui-même la réponse, c'est sa réponse. Elle lui est venue du fait qu'il avait recherché au plus profond de lui-même ce qui allait nourrir son âme. Si Dieu est en nous, alors toutes les réponses sont là, en Dieu. Il veut parfois que nous apprenions en écoutant humblement les réponses des autres. Il est indispensable d'étudier à l'école et d'apprendre le catéchisme, mais il y a tellement à apprendre en étant tout simplement à l'écoute des cœurs, du vôtre et de celui des gens qui vous entourent.

À cet égard, les conversations de *ragionamento* spirituel compléteraient heureusement beaucoup de méthodes classiques d'enseignement religieux. Normalement, il y a un professeur et, en face de lui, soigneusement alignés, les étudiants. Pour ma part, quand j'ai commencé à enseigner il y a plus de trente-cinq ans, j'ai tout de suite su que ce n'était pas pour moi. Il m'était facile d'enseigner la neurologie car j'étais responsable des cours en laboratoire. Je plaçais un cerveau humain sur la table ; les étudiants se mettaient tout autour et nous apprenions ensemble. Le cerveau était là, parmi nous, « écoutant » et « nous interrogeant » sur le pourquoi des stries, des vallées et des protubérances aux allures de chou-fleur ! Les étudiants dessinaient le trajet des voies nerveuses depuis les yeux jusqu'à l'arrière du cerveau et découvraient que la vue était localisée dans cette zone. Je ne pouvais que regarder, apprendre et interroger.

Je prends toujours des notes quand les autres parlent. On doit me prendre pour un détective. Si nous posons des questions, nous pouvons toujours apprendre quelque chose de quelqu'un. Si nous ne faisons que parler, alors presque tout ce que nous disons n'est qu'un enregistrement de ce que nous savons déjà, même si le son de notre propre voix peut nous apaiser. J'avais l'habitude de tellement parler que cela finissait même par m'endormir.

Le fait de chercher la réponse est aussi bénéfique que la réponse elle-même.

Toutes les questions que nous nous posons dans notre vie ressemblent au cours de neurologie. Quelque chose que nous n'avons jamais vu ou expérimenté nous pousse à demander : « Pourquoi ? » Puis nous essayons de trouver la réponse. Il est bon qu'elle ne vienne pas trop vite : le fait de la chercher est aussi bénéfique que la réponse elle-même. Si nous cherchons bien et si nous posons assez de questions, la réponse viendra. Encore une fois, cela ne dispense pas d'étudier. En fait, chercher les réponses nous incite à regarder à différents endroits. Mais dans le *ragionamento* nous résistons à la tentation d'être le « gourou » détenteur de toute la sagesse.

Quand vous posez des questions avec sincérité, avec un réel désir de savoir ce que l'autre a dans le cœur, alors vous parlez d'égal à égal. Vous apprenez tous les deux. Quand vous faites la conversation à vous tout seul, l'autre se sent inférieur même s'il (ou elle) est étudiant(e). Quand quelqu'un, même involontairement, nous fait ressentir notre infériorité, nous rejetons automatiquement une partie de ce qu'il dit. Peut-on enseigner les maths ou la physique par le *ragionamento* ? Interrogez votre cœur ! Une chose est sûre, c'est que le cœur fonctionne et se développe par le *ragionamento.*

Imaginez que votre femme soit votre cœur. Avez-vous essayé de la faire asseoir pour lui expliquer ce qu'elle devrait faire, penser et croire ? Elle vous rira au nez, à moins que vous n'ayez brisé son cœur et qu'elle ne puisse plus répondre. Bien, le cœur peut penser par lui-même si vous êtes prêts à l'écouter et à l'interroger.

En résumé, tous les niveaux de l'Évangélisation par la Miséricorde fonctionnent par le *ragionamento.* Nous nous évangélisons nous-mêmes en interrogeant notre cœur et en écoutant ses réponses. Nous nous évangélisons l'un l'autre par le *ragionamento.* Et comme Jésus, nous faisons des groupes d'Évangélisation par le *ragionamento.* Comptez le nombre de questions que pose Jésus dans les Évangiles. Il était toujours en train d'en poser, alors ne devrions-nous pas en faire autant ? Dans l'Appendice II consacré aux principes d'une école de Miséricorde nous développerons plus avant l'idée d'Évangélisation par la Miséricorde au moyen du *ragionamento.*

CHAPITRE VII

Château-Margaux

Pour être accomplis, nous avons besoin de *vivre* la plénitude de la révélation de Dieu.

Nous comparons cette plénitude de la révélation à une expérience que tout Français comprendra facilement : découvrir le meilleur vin. Excusez-moi si vous êtes français et avez une meilleure compréhension de ces choses que moi. C'est une illustration subjective des différentes formes de « plénitude de vie ».

Tout d'abord, imaginez quelqu'un qui n'a jamais bu de vin. Si vous lui en proposez, il se pourrait qu'il vous réponde : « Non merci, je ne bois pas de vin, je suis chrétien. » Si telle est sa réponse, il fait probablement partie d'une Église d'une dénomination proche de celle à laquelle nous appartenions nous aussi. S'il vous répond : « Oh, je prendrai du thé sucré, ou juste un coca », c'est qu'il n'a jamais eu l'occasion de boire du vin et, comme notre gendre Tim, qui est imbibé de thé et de coca, il vient peut-être du Mississippi. (Je ne pense pas qu'il y ait eu du coca-cola au temps de Jésus, ses disciples et lui-même buvaient donc du vin.) Cet exemple représente une personne qui ne connaît pas Jésus comme son sauveur et son ami, et ne peut juger que d'après sa propre expérience de vie, comme moi avant mes vingt-cinq ans.

Deuxièmement, imaginez quelqu'un qui ose goûter

du vin de Bordeaux malgré toutes les mises en garde de ce monde. Il se convertit sur-le-champ et décide de toujours demander un verre de Bordeaux pour le dîner, au lieu de thé sucré. Il représente celui qui a essayé le vin nouveau de l'Esprit de Dieu en Jésus-Christ et ne veut jamais revenir à son ancienne vie sans le Christ. Il se met à lire et à étudier la Bible, et rejoint une bonne Église évangélique, comme nous l'avons fait en 1972. Il *sait* qu'il a trouvé le vin le meilleur et il en offre à tous les buveurs de thé et de Coca qu'il rencontre. Il y en a qui le croient ivre de vin nouveau tant il est heureux de sa découverte. D'autres aussi se convertissent au Bordeaux.

Troisièmement, voici une personne qui jusqu'ici n'a jamais bu que du Bordeaux, modérément bien sûr. Elle s'en trouve bien et ne recherche rien d'autre. Après quelques années de ce régime, elle se rend compte que, même si ce vin a bon goût, il ne la satisfait plus. Elle reste fidèle au vin de son unique expérience bien que son cœur semble lui crier qu'il lui manque quelque chose. Tout le monde lui dit qu'elle a le meilleur. Pourquoi chercher ailleurs ?

Un jour on lui échange son verre contre un verre de Bourgogne. Ce n'est pas un péché d'en boire puisqu'elle ne sait pas que le vin « étranger » est en train de souiller son palais. Elle en boit une gorgée, lève son verre et s'exclame : « Waouh ! Qu'est-ce que c'est ? Je n'ai jamais rien bu de pareil. » À partir de là, elle ne boira plus que du Bourgogne. Quelle est la différence ? Tous deux sont faits de raisin et de soleil, et au fond le procédé de fabrication est le même. Ah mais il y a quelque chose dans le Bourgogne qui le rend plus rond, plus riche !

Tel est celui qui, après avoir rencontré Jésus et la plénitude de l'Esprit, goûte à la beauté et à l'émerveillement d'une rencontre avec Marie. D'autres ont commencé avec Marie qui, ensuite, les a aidés à trouver son

Fils. Le résultat final est le même. Quand nous avons rencontré Marie il y a huit ans, Danelle et moi, nous avons su que nous avions trouvé l'ingrédient qui manquait à notre premier vin. Certains disent : « J'ai Jésus, pourquoi me faut-il Marie ? » On ne peut que leur suggérer d'essayer le Bourgogne, ensuite ils jugeront.

Vient ensuite la personne qui boit du Bourgogne dans toute sa plénitude. Au bout d'un moment, elle aussi réalise qu'il lui manque quelque chose. Que peut-il bien lui manquer ? Que peut-on demander de plus que Jésus et Marie ? Cette fois, c'est la Mère du Vigneron qui lui offre un verre de vin de Californie. Comment peut-elle vouloir la faire changer de vin ? Ah mais elle ne cherche pas à la faire changer, elle lui propose un bouquet qui se développe sur un certain terrain et sur une vigne cultivée à un certain endroit. La personne se convertit aussitôt et dit : « J'ai trouvé le meilleur vin. J'arrête de chercher. »

C'est l'exemple de la personne qui, après avoir joui de la plénitude de Jésus et de Marie, est introduite au pays des vins les meilleurs, l'Église catholique : il faut l'avoir connue, puis l'avoir aimée pour connaître une plénitude durable. Marie nous a conduits vers elle qui est Corps de son Fils, et nous avons su que nous avions trouvé le meilleur vin, élevé à Rome, la Ville éternelle.

Cette fois, nous en arrivons à l'essentiel, et nous allons faire une comparaison avec une expérience que nous avons faite à Paray-le-Monial. C'était l'anniversaire de nos jumeaux et nous le fêtions avec notre fils Scott. Un ami nous avait invités aux *Trois Pigeons*. Scott est séminariste et son évêque s'était joint à nous. Notre hôte, Raphaël, commanda une bouteille de vin en dehors du menu. La serveuse ne comprit pas ce qu'il demandait. Je pense que cela faisait très longtemps que personne n'avait commandé ce genre de vin. Il répéta le nom, en le lui montrant sur la carte. Quelques moments après, elle réapparut avec de grands verres ballon et une bouteille visiblement très vieille, couverte de poussière et de toiles d'araignée.

Elle ouvrit la bouteille et en versa un peu au fond du verre de notre hôte. Il fit tourner le vin dans le verre, en huma les effluves capiteux et le savoura en bouche avant de l'avaler. Ses yeux s'illuminèrent de plaisir et il approuva de la tête, nous assurant qu'il était digne de nos palais. Il ressemblait aux autres vins, avec peut-être une robe un peu plus sombre. En général, je ne bois pas de vin à cause de mes problèmes de santé, mais je décidai d'y goûter. Il en versa un peu dans mon verre et je bus.

Je ne peux franchement pas expliquer quelle merveille ce fut. Je n'ai jamais rien goûté de pareil. Il vous faut faire cette expérience pour connaître « la plénitude de la révélation » que j'eus. Je sus sans aucun doute que je goûtais le liquide le plus extraordinaire qui ait jamais filtré au travers de mes lèvres américaines, à l'exception du Sang de Jésus. Le nom de ce vin : Château-Margaux. Il se peut qu'il existe un vin meilleur. Vous en avez peut-être même une bouteille. Je serais heureux de le goûter si vous nous invitez un jour, mais j'ai appris que souvent Dieu garde le meilleur vin pour la fin, comme à Cana.

Comment cela s'applique-t-il à la vie conduite de la Miséricorde ? Comme la personne qui goûte le vin de Californie, je pensais être arrivé au but quand avec Danelle nous avions rencontré la plénitude de Jésus et de Marie dans l'Église catholique. Je me suis assis dans ma paroisse dans le diocèse de Blois, désirant juste être un bon catholique. Que pouvait-il y avoir de plus ? Nous faisions maintenant l'expérience du Christ crucifié et de Marie ainsi que de la plénitude de la révélation de la Bible qui nous conduisait à l'Église.

Après une brève période de lune de miel dans l'Église, je sus que j'avais manqué un ingrédient dans le premier vin. Quelle coïncidence ! Le Château-Margaux est un Bordeaux. Cet ingrédient, c'est une Évangélisation quotidienne active. Donc nous sommes retournés dans les rues. La seule différence, c'est que cette fois nous avions la plénitude de la Miséricorde à partager avec les autres.

Nous ne pouvions pas nous contenter de savourer le vin du rosaire, de l'adoration et de la messe. Nous devions exhaler l'arôme merveilleux de tout ce que nous expérimentions. C'est cela le Château-Margaux : faire l'expérience de la plénitude de l'Église et la transmettre à un monde assoiffé grâce à l'Évangélisation par la Miséricorde.

Le meilleur vin, c'est la plénitude de la vie vécue dans l'Évangélisation par la Miséricorde.

CHAPITRE VIII

L'Évangélisation : raconter l'histoire encore une fois. L'élévation de la présence de Jésus.

« Pour moi, quand j'aurai été élevé de terre, j'attirerai à moi tous les hommes » (Jn 12, 32).

Nous éprouvons une grande joie quand nous parlons en public de notre rencontre avec Jésus-Christ, Marie et l'Église et de notre amour pour eux. En même temps, ceux qui nous écoutent sont profondément touchés par ce qu'ils voient, entendent et ressentent. Pourquoi ?

Quand nous racontons notre histoire surnaturelle, nous tirons du tabernacle de notre cœur la présence de Jésus et nous l'élevons pour que les autres le voient. Il en résulte que nous revivons l'événement et que celui qui nous écoute rencontre le Christ Jésus personnellement en voyant son reflet dans notre témoignage. Nous offrons alors nos corps en hostie vivante, comme l'explique l'apôtre Paul dans l'épître aux Romains (12, 1-2). Nous sommes le Corps du Christ.

Quand nous partageons du fond du cœur notre rencontre avec Jésus, Marie et l'Église et notre amour pour eux, nous agissons comme le prêtre à la messe quand il montre Jésus-Eucharistie aux fidèles à l'élévation. Et tandis que nous parlons, nous retombons amoureux de Lui, de sa Mère et de l'Église. Faire le récit de l'événement, c'est le revivre, un peu comme dans la célébration de la messe nous revivons la vie, la mort et la résurrection de notre Sauveur. Ce n'est pas seulement éveiller un souvenir, comme lorsqu'on feuillette un album de photos, c'est en quelque sorte revivre l'événement.

Ainsi, parler de notre relation de couple nous amène aussi à revivre l'événement de notre rencontre et de notre mariage, avec Jésus, Marie et l'Église, présents à la consécration de nos liens. Nous revoyons Jésus et nous retombons amoureux de lui et amoureux l'un de l'autre. Il était là quand nous nous sommes rencontrés. Le sacrement se profilait déjà au moment où nous sommes tombés amoureux. Jésus lui-même était là et il nous a accompagnés jusqu'à notre mariage à l'église, et tous les jours jusqu'à aujourd'hui.

Nous aimons demander aux couples comment ils se sont rencontrés et sont tombés amoureux l'un de l'autre. Immanquablement, ils se regardent avec un grand sourire d'enfant avant de décider lequel des deux va se lancer. Nous n'avons jamais entendu un mari et une femme nous dire qu'ils ne se rappelaient plus comment ils s'étaient rencontrés et étaient tombés amoureux. Des époux en difficulté peuvent être guéris simplement en évoquant leur premier amour, et ceci parce que raconter cette histoire permet de la revivre et que cela guérit le couple. Tous ceux qui ont assez de chance pour être là et entendre revivre cette histoire verront aussi Jésus. (Le divorce est si dévastateur parce que c'est comme si on prenait le Saint Sacrement pour le briser au sol. Ne vous arrêtez pas de lire si vous êtes divorcés. Recevez la Miséricorde pour vous en sortir. Jésus ne condamne pas, nous non plus.)

Ce n'est pas le prêtre qui célèbre le mariage, ce sont l'homme et la femme, et Jésus est entre eux deux. Le prêtre est là qui regarde tandis que Jésus est élevé par l'offrande de l'un à l'autre dans le couple. À ce moment-là, ils sont à la fois l'ostensoir qui contient Jésus et partie de l'hostie donnée en sacrifice vivant. C'est un lien tellement intime que le prêtre et l'assistance ne peuvent que se tenir debout dans la joie, le respect et l'admiration devant cette union, bénie par Jésus, entre l'époux et l'épouse. C'est pour cela que vous aimez voir un mariage. Votre cœur est dans le ravissement devant la présence de Jésus.

Vous aimez voir un mariage parce que
votre cœur est dans le ravissement
devant la présence de Jésus.

Quand, après quarante ans de vie commune, des époux racontent l'histoire de leur rencontre, nous voyons encore le même feu surnaturel dans leurs regards. (Demandez-moi comment j'ai rencontré Danelle et vous verrez.) C'est le Jésus éternel, présent dans leur mariage au travers du sacrement. Le temps ne ternit pas cette histoire, il n'en affaiblit pas la puissance. À chaque fois, Dieu est élevé. Combien plus quand chacun de nous raconte l'histoire de sa rencontre avec Dieu ! C'est cela, l'Évangélisation.

Je me demandais toujours pourquoi j'aimais tant raconter ma rencontre avec Jésus. Je ne m'en lasse jamais. J'ai peut-être raconté cette histoire vingt-cinq mille fois, dans sa version longue. Chaque fois que je la raconte, je me convertis. Chaque fois je désire ressembler un peu plus au Cœur de Jésus. Imaginez que vous soyez obligés de raconter comment vous vous êtes cassé la jambe. Cela serait peut-être intéressant de vous entendre raconter cette histoire un petit nombre de fois. Peut-être même se pourrait-il que quelqu'un pleure ou vous plaigne, comme il se doit. Maintenant, imaginez que vous deviez, plusieurs fois par jour pendant, disons, vingt ans, passer une heure à décrire en détail la façon dont vous vous êtes cassé la jambe. Je vous assure que cela finirait par être usé.

L'histoire surnaturelle de votre rencontre et de votre amour pour Jésus ne s'usera jamais parce que, lorsque nous évangélisons, Dieu donne de la puissance aux mots et à la façon dont nous nous exprimons. Sa vie est reflétée pour ceux qui sont prêts à le recevoir. Il nous purifie ainsi que ceux qui nous écoutent. Il nous soulève, eux et nous. Il insuffle la vie en abondance en tous ceux qui sont « à portée de cœur ». Tout comme nous aimons entendre l'histoire d'un couple, nous aimons écouter des témoignages individuels, parce que cela nous fait voir Jésus. Et quand vous voyez Jésus, vous mourez et c'est lui qui vit en vous (Ga 2, 20 ; Jn 3, 30 ; 1 Jn 3, 2).

Plus nous racontons l'histoire, plus nous lui ressemblons. Proposez à quelqu'un qui a marché pendant cinquante ans avec Dieu de vous raconter son histoire. Vous allez sentir la présence de Jésus à toutes les étapes de sa vie, la présence de sa Passion et de sa Résurrection. Vous allez le voir régner sur le cœur de cette personne. Vous allez vouloir qu'Il règne sur votre cœur. Vous allez être guéris de certaines blessures et délivrés de l'oppression. Tout cela parce que Jésus est élevé devant vous au travers de cette vie.

Un seul prêtre célébrant une seule fois
la messe est absolument splendide, plus que moi
en vingt-cinq ans de pastorat évangélique.

La dernière messe d'un prêtre est aussi la meilleure. Il a tellement fixé son regard sur Jésus que vous ne pouvez dire la différence entre lui et l'hostie. À la fin de sa vie, saint Philippe Neri devait détacher ses dents du calice quand il célébrait la messe. (On peut encore en voir la marque.) Ses pieds s'élevaient de terre pendant des heures au moment de l'élévation, tant ils étaient pressés de rejoindre la maison du Père. Dans toute la création protestante, il n'y a rien de comparable à la gloire de Dieu qui se révèle quand un prêtre âgé dit : « Ceci est mon corps donné pour vous » et soulève Jésus. Un seul prêtre célébrant une seule fois la messe est absolument splendide, plus que moi en vingt-cinq ans de pastorat évangélique.

Vous n'êtes peut-être ni prêtre ni marié, mais vous pouvez encore élever Jésus en racontant la Bonne Nouvelle. Élevez-le, s'il vous plaît, élevez-le ! Combien de fois avons-nous peur de témoigner de notre foi en public ? Mais après l'avoir fait nous sommes remplis d'une joie indicible ! Pourquoi ? Encore une fois, parce que nous avons élevé Jésus pour qu'Il soit adoré, et nous en sommes les premiers bénéficiaires. « Pour moi, quand j'aurai été élevé de terre, j'attirerai à moi tous les hommes » (Jn 12, 32). Nos oreilles entendent ce que notre bouche a proclamé et notre foi en est augmentée (Rm 10, 17).

Là où Jésus est élevé, les gens tombent amoureux de Marie et de l'Église, car toutes les deux sont aussi en train de l'élever. Nous avons besoin qu'elles nous montrent comment l'élever encore plus haut. Que votre amour pour Marie et l'Église se répande aisément dans le récit de votre histoire. Elles ne sont sûrement pas là pour vous détourner de Jésus. Comme l'ostensoir d'or, elles l'élèvent encore plus haut en l'aimant et en se consacrant totalement à lui.

Comme l'ostensoir d'or, Marie et l'Église élèvent Jésus encore plus haut en l'aimant et en se consacrant totalement à lui.

Dans notre histoire, tant de choses sont maintenant inextricablement liées à Marie et à l'Église que j'ai du mal à me rappeler comment c'était avant. Comme un couple qui ne parle pas seulement de ses premières années à deux, mais de la famille que Dieu lui a donnée depuis, nous pouvons aujourd'hui raconter l'histoire complète. Toute la famille y est. C'est le moment où l'on peut faire l'expérience de la présence réelle dans toute sa profondeur, sa largeur et sa hauteur (Ep 3, 18-19), car la gloire de Dieu est en Jésus et dans l'Église. Vous élevez Marie et l'Église, et vous participez aussi à l'élévation de Jésus. Hourra !

Il faut prendre Jésus dans le tabernacle de notre cœur et l'élever afin que le monde en recherche puisse le contempler. Il apparaît personnellement en public chaque fois que nous racontons l'histoire de nos rencontres avec lui et de notre amour pour lui. Ouvrez le tabernacle, élevez-le et Jésus attirera tous les hommes à lui. Imaginez ce qui se passerait si chacun de nous, catholiques, élevait Jésus chaque jour devant au moins une personne. Il ne faudrait pas longtemps pour que le monde entier soit attiré vers lui.

« Seigneur, aide-moi à oser t'élever devant au moins une nouvelle personne chaque jour. Attire-nous à toi au travers de mon témoignage. »

Jésus apparaît personnellement en public chaque fois que nous racontons l'histoire de nos rencontres avec lui et de notre amour pour lui.

CHAPITRE IX

Le « hug »[1] de Miséricorde L'Évangélisation sans paroles

Le cœur de Miséricorde qui est en nous est capable de communiquer sans paroles !

Même s'il faut bien qu'elle intervienne à un certain moment, car « la foi vient de l'écoute » (Rm 10, 17), la parole est un moyen relativement faible de transmettre ou de communiquer la Bonne Nouvelle de la Miséricorde. Vous vous demandez peut-être comment je peux dire cela. Enfin, je ne le dis pas, je l'écris. Je suis intrigué par un phénomène curieux que j'ai expérimenté ces dernières années. Il suffit que je prenne quelqu'un dans mes bras – reliés au Cœur de Dieu qui est en moi – pour que cela provoque souvent une rencontre puissante entre cette personne et le Seigneur. C'est un peu comme si le cœur de Miséricorde qui est en moi communiquait dans le silence ! Ceci est mon expérience. C'est une expérience subjective qui ne doit pas être appliquée comme « la » méthode d'Évangélisation. Je comprends très bien que dans certaines cultures, cette manière de prendre les gens dans ses bras pour leur manifester la Miséricorde passe mal. Et il est clair aussi que cela dépend de la sensibilité des personnes. Dans ce cas, il y a bien

1. En anglais *hug* veut dire *étreinte*.

d'autres méthodes d'évangélisation qui peuvent être utilisées efficacement.

Je visite souvent des pays dont je ne parle pas la langue. Alors, plutôt que d'avoir un interprète, je communique en prenant les gens dans mes bras trente secondes ou plus ; et cela sans les écraser comme un ours russe, sans les faire rebondir comme au trampoline, sans leur taper dans le dos comme pour faire faire son rot à bébé, mais j'essaie de le faire avec la tendresse de la Mère tenant son Fils après la crucifixion. Marie n'a rien dit à son Fils ; elle l'a tenu dans ses bras de Miséricorde avec simplicité et douceur.

Un jour, dans un pays d'Amérique du Sud dont je comprends à peine la langue, je faisais du porte-à-porte avec deux jeunes. Comme je ne pouvais ni n'osais dire un mot, j'ai pris les personnes dans les bras de la Miséricorde. L'une d'elles a connu une grande joie, une autre s'est mise à pleurer. Une technique psychologique ? Interrogez votre cœur !

Le cœur peut très bien communiquer
en l'absence de mots.

Le cœur peut très bien communiquer en l'absence de mots. Comme c'est encourageant de voir le Seigneur toucher des gens profondément en les prenant simplement dans un *hug* de Miséricorde, de voir la tristesse changée en joie, le désespoir se dissiper et tourner en larmes de paix. Je peux retourner visiter ces gens quand je le veux, sans paroles.

Après réflexion, je crois que j'ai vu beaucoup plus de conversions par le *hug* de Miséricorde que par une multitude de mots bien choisis. Au début de chaque journée, Danelle me convertit en me prenant dans ses bras et en me tenant tendrement pendant un long moment : le temps, les soucis, et tout le reste n'ont qu'à attendre. C'est meilleur qu'un café pour bien commencer la journée. Nous ne nous embrassons pas, nous ne nous regardons même pas, nous restons là tout simplement, aussi longtemps que nos cœurs le désirent.

Un jour, nous avons donné notre témoignage devant plus de vingt mille jeunes. Six mois plus tard, Pablo, présent ce jour-là, nous a dit qu'il n'avait pu s'empêcher de pleurer quand nous nous sommes pris l'un l'autre dans le *hug* de Miséricorde à la fin de notre témoignage. Il avait regardé autour de lui et avait remarqué que les jeunes qui étaient là pleuraient aussi. Une autre fois, quelqu'un nous a dit que le meilleur de notre témoignage, c'était quand nous nous étions pris dans les bras. On peut comparer deux cœurs qui se touchent à des éléments qui se rapprochent : la masse critique provoque une explosion de Miséricorde affectant tous les cœurs dans les limites du rayon à l'intérieur duquel on peut voir et sentir.

Le monde peut être converti sans paroles
dans les bras de la Miséricorde.

Tout le monde peut être candidat à l'Évangélisation dans les bras de la Miséricorde. Un jour, j'ai décidé de prendre dans mes bras au moins seize personnes. Pourquoi seize ? Je n'en sais rien ! C'était la veille de mon anniversaire. Je n'ai pas eu de mal à les trouver, dont environ treize nouveaux candidats, tous volontaires. Je garais ma voiture près d'un restaurant quand je remarquai une femme qui se garait derrière moi. Je descendis de voiture et, tout en me dirigeant vers le restaurant, je me dis : « Pourquoi pas ? » Je me suis donc avancé vers sa voiture et lui ai dit par la fenêtre ouverte : « Excusez-moi, chaque jour j'essaie de trouver seize personnes à prendre dans mes bras ; je les ai déjà trouvées, mais demain c'est mon anniversaire et j'ai pensé que... » Ses yeux dirent oui, alors je me suis penché par la fenêtre et elle m'a tenu pendant un long moment comme si j'étais son frère disparu depuis longtemps. En m'éloignant, j'étais très impressionné par ce qui venait de se passer. Deux personnes qui ne s'étaient jamais rencontrées, sans paroles et sans crainte, entraient mutuellement en contact avec le Cœur miséricordieux de Dieu.

Ce que je fais est peut-être difficile à imiter ! Il est vrai que je suis un peu fou, n'est-ce pas ? Mais il est vrai aussi que dans mon cas, cela marche partout avec presque tout le monde : dans les prisons, les hôpitaux, chez les nouveaux voisins, en croisant le président d'une banque ou le directeur des douanes d'un pays. On peut convertir le monde sans paroles dans les bras de la Miséricorde.

Un des plus grands besoins de l'homme
et un de ses plus grands désirs, c'est d'être tenu.

Un des plus grands besoins de tout homme, femme ou enfant sur terre peut se réduire à deux mots. Un des plus grands besoins de l'homme et un de ses plus grands désirs, c'est d'*être tenu*. Être tenu par Dieu, par Marie, par l'Église, aussi bien que par des personnes aimantes. Si nous commencions par tenir les gens au lieu de les instruire, l'enseignement trouverait ensuite un terrain fertile dans leurs cœurs. Il y a des catholiques fâchés contre l'Église parce qu'ils ont le sentiment de n'avoir jamais trouvé en elle une Mère affectueuse et attentive. Combien de foyers en difficulté avons-nous trouvés, où le fait de se tenir l'un l'autre dans les bras tous les jours résoudrait la plupart des conflits ! Combien d'épouses infidèles ont abandonné leur mari tout simplement parce que celui-ci ne savait pas comment tenir sa femme ni comment être tenu !

Une réunion de famille chez nous dure pas mal de

temps parce que chacun donne et reçoit un *hug* de Miséricorde. Cela prend du temps d'accueillir quelqu'un en le prenant dans ses bras. Il n'est jamais trop tard pour devenir bras de Miséricorde pour ceux que vous aimez et pour ceux que vous rencontrez. Mon beau-père bien-aimé a quatre-vingt-cinq ans, il me prend dans ses bras et me tient jusqu'à ce que je le lâche. J'entends dire des horreurs sur ce qui pourrait arriver si vous serrez dans vos bras un inconnu. C'est peut-être vrai, mais je l'ai fait tout autour du monde et n'ai pas souvenir d'une seule mauvaise expérience.

Le meilleur hug *est celui que nous recevrons en arrivant à la Maison.*

Le meilleur *hug* est celui que nous recevrons en arrivant à la Maison. J'ai vu un vieux film jauni en noir et blanc et en espagnol, qui illustre extrêmement bien cela. Son titre : *After the Promise (Après la Promesse).* C'est l'histoire vraie d'une famille vivant aux États-Unis pendant la Grande Dépression des années trente. Il y a quatre jeunes garçons et la mère est gravement malade. Le père est très proche du fils aîné. La mère meurt et on retire au père la garde de ses quatre enfants pour les placer dans une maison pour enfants handicapés mentaux.

Ce père et ses fils vivent alors plusieurs années atroces, absolument insupportables. Que la vie soit insupportable dans cet orphelinat, c'est le moins qu'on puisse dire. Ce père aime énormément ses garçons et essaie vainement de les récupérer. Les garçons, eux, essaient de s'échapper, mais sont repris et maltraités. L'aîné, brutalement battu, ferme son cœur blessé et se voit placé dans une institution pour débiles profonds.

Quelques années plus tard, ce père, qui avait promis à sa première femme de ne jamais cesser de chercher à reprendre leurs fils, se remarie avec une femme merveilleuse qui est tout à fait d'accord avec cela et dont il a une fille. Leur situation s'arrange et après avoir travaillé très dur, ils se construisent une maison et finissent par retrouver trois enfants sur quatre à l'orphelinat.

Les retrouvailles sont difficiles, car la séparation les a profondément blessés. À force de patience de la part de leur père ils finissent par se réconcilier avec lui l'un après l'autre. Ce dernier essaie sans succès de retrouver la trace de l'aîné. Il se rend dans un asile psychiatrique qui est bien celui où son fils est « interné » mais le médecin, un brave homme au demeurant, lui dit que personne ne répond à ce nom dans l'établissement, car ce jeune a perdu la mémoire de son passé et ne sait pas d'où il vient. Le père s'en va terriblement découragé, mais ce bon docteur commence à parler au garçon, un adolescent maintenant, et il finit par retrouver au fond de son cœur un souvenir qui le rattache à son père. N'oubliez pas que c'est une histoire vraie !

Le docteur téléphone au père et accepte de rendre ce fils à son vrai foyer. La dernière scène, même en noir et blanc et projetée sur le mur, est très émouvante, du moins elle le fut pour moi. La voiture s'arrête devant la maison, le garçon en sort avec difficulté car il a eu la jambe cassée au cours d'un passage à tabac. Il boite autour de la voiture, tout hébété. Les traumatismes dus aux années de séparation et aux mauvais traitements l'ont complètement brisé. Ses trois frères l'attendent, ils courent, lui prennent les mains, mais ses yeux ne quittent pas la porte d'entrée, cherchant à voir le père. Leurs regards se croisent et, en un bond formidable, le père saute en bas des marches, plonge littéralement sur son fils et, du fond du plus intime de son cœur, un nom s'échappe dans un long cri de joie mêlé d'angoisse qui se poursuit tout le temps qu'il le serre contre lui après une si longue séparation d'avec l'enfant chéri. Son vrai nom : « Riiichaaard ! »

Le dernier *hug* de Miséricorde sera le meilleur puisque vous serez dans les bras du Père. Comme la brebis dans les bras du berger, vous savez que cette fois tout va bien, que vous êtes sains et saufs dans le lieu pour lequel vous avez été faits.

Si le hug *de Miséricorde est si puissant,*
c'est parce qu'on a l'impression
d'être à la Maison.

CHAPITRE X

L'élévation par le chapelet

Le cœur contemple Jésus en méditant le rosaire.

Notre cœur désire s'asseoir devant le Saint Sacrement (élévation de l'hostie). Il le fait en lui racontant sans fin l'histoire du rosaire. Combien de fois ma mère adoptive ne m'a-t-elle pas raconté comment, au cours des premiers mois si difficiles de ma vie, Dieu m'avait empêché de mourir ! Cela a marqué ma mémoire d'une empreinte indélébile. Quand j'en reparle, je revis cela de façon très réelle. Le cœur a besoin d'entendre raconter sans fin l'histoire de Jésus et de Marie car c'est aussi la nôtre.

Le rosaire est l'histoire vivante des liens étroits unissant Jésus et Marie à chacun de nous. Tandis que l'histoire se dit et se redit à notre cœur au long de la méditation de chaque grain du chapelet, du plus profond de nous, nous commençons à adorer Jésus en union avec Marie. De même que les gens voient Jésus en écoutant notre histoire ou notre témoignage, nos cœurs voient Jésus en écoutant l'histoire du rosaire.

La répétition, méthode divine.

La répétition, c'est la méthode de Dieu ; c'est la façon dont Il essaie de nous convaincre de son amour et de sa Miséricorde envers nous. Combien de fois dans la Bible ne nous dit-Il pas qu'Il nous aime ! Plus que l'on n'en pourrait compter. Pourquoi doit-Il nous le répéter à l'infini ? Parce que c'est sa façon d'enseigner. Comme les enfants, nous apprenons à force d'entendre. Comme les saisons se répètent tous les ans, Il se répète lui-même tant que nous n'avons pas appris. L'hiver est dur et froid mais il aura une fin et le printemps viendra, gorgé de vie nouvelle. Le soleil vient toujours après la pluie. Les fleurs meurent mais la vie nouvelle renaît de leur mort. La vie et la mort sont une longue et merveilleuse leçon de foi, d'espérance et d'amour.

C'est ainsi qu'Il apprend à nos cœurs la plus grande vérité de toute vie : *Il est en nous*. C'est là que nous pouvons le voir, se retournant pour nous regarder, nous tenant si nous voulons bien le laisser faire, nous enseignant qui nous sommes. Et comment fait-Il tout cela ? Par la répétition du rosaire, la plus belle histoire jamais contée. Sa mère et lui s'assoient avec nous et racontent l'histoire à notre cœur et nous, nous ne cessons de la répéter dans l'Esprit.

Pas trop vite, nous risquerions de manquer quelque chose, mais comme un chant qui s'égrène au rythme de l'amour et entre en harmonie avec les battements de notre cœur et avec notre respiration. Toujours le même va-et-vient, chaque *Je vous salue Marie* étant différent du précédent et élevant Jésus encore plus haut devant nos cœurs. Et puis, il semble que ce ne soit plus nous qui décidions du rythme : le chant anime notre être le plus profond et nous conduit au centre de l'histoire où nous trouvons la Croix, source de toute vie. Alors ce n'est plus une histoire, c'est notre histoire, notre véritable vie.

Et nous emportons partout la vie avec nous. Nous travaillons et nous prions. Nous marchons et prions. Nous parlons et prions. Nous mangeons et prions. Nous découvrons même que notre sommeil s'emplit du rythme du rosaire. Spontanément, nous consacrons tous nos temps libres à redire l'histoire de tout notre cœur. Plus de temps pour s'inquiéter, pour se faire du mauvais sang, pour avoir peur. Plus de temps pour critiquer ou remplir l'air de vaines paroles. Le sentier qui va de notre cœur à nos yeux devient une autoroute de l'autre côté de laquelle les autres trouvent leur chemin pour revenir à Lui sans un mot de notre part (Ps 84, 6-8).

Cela prend du temps de se mettre au rythme de l'histoire. Combien de temps ? Essayez un chapelet par jour pendant dix-huit mois. Trop occupés pour cela ? Alors faites ce que vous pouvez. Votre cœur appréciera tous les instants où vous le laisserez adorer Jésus. Si vous persévérez, vous en arriverez à l'aimer autant qu'Il vous aime. Vous l'aimerez dans la pureté de votre cœur, comme Il le fait pour vous.

Le chemin de l'adoration par le rosaire ne s'apprend qu'en le pratiquant. Commencez dès aujourd'hui. Commencez tout de suite. Si vous parlez plusieurs langues, méditez en plusieurs langues. Cela soumet l'esprit aux besoins du cœur et lui aussi, ainsi que ces émotions parfois rebelles, commence à s'harmoniser à l'histoire (Ps 84, 2-3). Alors l'esprit et l'affectivité se mettent à croire l'histoire ; et vous êtes libres.

Votre histoire n'est plus une histoire triste faite d'orgueil et de préjugés, c'est celle de l'espérance. C'est votre naissance et votre présentation au Temple. C'est votre vie de service avec Jésus et Marie. C'est l'heure de votre jugement et de votre victoire dans la mort. C'est votre résurrection pour la vie éternelle dans la famille du Père.

Dieu nous a donné le rosaire pour que nous puissions lui raconter l'histoire à l'infini.

Dieu nous a donné le rosaire pour que nous puissions lui raconter l'histoire à l'infini. Le Cœur de Dieu est celui d'un enfant qui dit : « Raconte encore, raconte encore. » Combien de fois avez-vous lu ce livre à votre enfant ? Il ne se fatigue jamais de l'entendre. Puis c'est lui qui vous le raconte. Vous riez et vous pleurez ensemble. Vous vous tenez l'un l'autre et vous ne faites plus qu'un. Il en est de même avec votre Père du ciel. Il aime entendre l'histoire, puisque c'est son histoire, puisque c'est notre histoire, l'histoire du rosaire.

En méditant cette histoire, le cœur s'y laisse de plus en plus conduire par la Miséricorde. Imperceptiblement, les besoins et les désirs évoluent. Les priorités ne sont plus les mêmes. On fait un tri dans ses activités et dans ses buts, certains ne cadrant plus avec l'histoire. La Miséricorde devient l'objectif de la vie, puisque c'est celui de l'histoire. Les écailles tombent et tout devient clair. J'ai été créé pour l'histoire. J'ai été créé pour la Miséricorde.

CHAPITRE XI

L'offrande de la souffrance

La souffrance offerte à Dieu dans la prière est l'ostensoir de l'hostie consacrée.

Imaginez l'hostie consacrée posée sur l'autel : vous ne pouvez pas apercevoir Jésus. Mettez-Le dans un ostensoir et vous Le verrez facilement. C'est Jésus le Saint Sacrement que nous adorons, cependant l'ostensoir est très important car il permet à l'œil de Le voir plus facilement, lui, le Fils de Dieu. Un non-catholique n'aura aucune idée de tout ce que cela signifie, aussi je suppose que nous écrivons à des catholiques, ou peut-être à de futurs catholiques, ou encore mieux à des catholiques égarés.

L'été dernier à Paray-le-Monial, une phrase m'a traversé l'esprit. « La souffrance offerte est l'ostensoir de l'hostie consacrée. » Les phrases qui tombent dans nos pensées « comme un cheveu sur la soupe » nous sont parfois données par le Saint-Esprit pour être méditées. Cette phrase a donc tourné la soupe de ma méditation pendant plusieurs mois.

Nous pouvons transcender la souffrance
en l'offrant à Dieu dans la prière.

C'est Marthe Robin, une mystique française, puis Jean-Paul II qui nous ont appris comment nous pouvions transcender la souffrance en l'offrant à Dieu pour l'humanité dans la prière. Ces deux humbles « ostensoirs » nous ont révélé Christ sur la Croix et dans sa Gloire. Et en voyant l'élévation de Jésus dans leurs souffrances nous nous sommes laissé entraîner irrésistiblement dans l'adoration.

Par l'offrande, l'amertume de la souffrance est transfigurée et devient visage du Christ, sainte Face. Nous visitons Eileen, paralysée depuis vingt-sept ans à la suite d'un accident de la route dont elle n'est pas responsable. Jésus siège avec fermeté au milieu de ce fragile ostensoir. Comme une *pietà*, elle soutient son Sauveur pour que nous le voyions tous. Elle est toujours rayonnante bien qu'elle soit depuis un an à l'hôpital. C'est tout ce qu'elle peut faire pour l'élévation de Jésus et cela les rend d'autant plus beaux l'un et l'autre.

La souffrance offerte est une des formes les plus puissantes d'Évangélisation par la Miséricorde. Nous avons tous du mal à vivre avec nos souffrances, mais quand nous comprenons que les offrir les transforme en « porte-Jésus », alors le joug insupportable de la douleur se fait fardeau léger (Mt 11, 28-30). Nous offrons notre souffrance et le monde voit Jésus.

Au lieu d'employer l'essentiel de nos efforts, tant sur le plan physique que sur le plan affectif, à éviter la souffrance ou à s'en débarrasser, nous ferions mieux de l'offrir. Faisons ce que nous pouvons pour nous soigner tout en disant sans cesse : « Jésus, je t'offre cette souffrance. Merci de l'utiliser, d'en tirer parti pour quelqu'un quelque part dans le monde. Je te fais confiance. »

Cela n'est pas facile. En fait, il vous faut aimer Dieu juste un peu plus que vous ne haïssez cette douleur qui vous paralyse. Pendant mes huit semaines de « petite pneumonie » et d'insomnies, j'ai eu du mal à offrir tout cela dans la prière. Si la toux avait pu être prière, je crois que la moitié du continent américain aurait été converti. Je me retrouvais tout simplement au milieu de la nuit en train de serrer les dents et de supporter la maladie, et encore pas très bien ; puis je me souvenais de l'ostensoir et je l'offrais faiblement une fois de plus. La phrase m'était venue deux ou trois mois plus tôt, alors merci Seigneur pour la pneumonie. J'ai eu une occasion de mettre le principe en pratique. Cela marche, même si je continue à détester la douleur.

Parfois cela aide de faire avec ses mains une coupe en forme d'ostensoir et de les élever vers le ciel. C'est une façon de montrer physiquement que l'on abandonne tout à Dieu. Imaginez votre souffrance dans vos mains élevées avec amour vers le Père ; avec amour, car la souffrance offerte est toujours liée à la Croix. C'est fou de le dire, mais parfois la douleur me manque si cela fait plusieurs jours qu'elle n'est pas venue. Nous apprenons à aimer en faire l'élévation.

Quand il y a douleur offerte, nous adhérons à la Croix que nous aimons, et les gens voient le Christ crucifié avec nous. La souffrance élevée haut, c'est Christ crucifié, son Cœur transpercé, son corps torturé. Vous aurez parfois le sentiment que c'est votre cœur ouvert qui est porté là-haut sur la croix. Eh bien c'est vrai. Vous êtes crucifié avec le Christ (Ga 2, 20). C'est le mystère de la Croix, mystère de la valeur de la souffrance. Ne la recherchez pas, elle viendra à vous en son temps, seulement, tenez-vous prêts à en être l'ostensoir.

Quand il y a douleur offerte, nous adhérons à la Croix que nous aimons et les gens voient le Christ crucifié avec nous.

CHAPITRE XII

Jésus souffre en son Corps mystique qui est l'Église

Jésus, je t'offre la douleur que tu ressens à travers moi.

Certes, Jésus ressuscité ne souffre plus aujourd'hui. Et pourtant, jusqu'à la fin du monde, mystérieusement, il continue de souffrir dans les membres de son Corps qui est l'Église. Nous oublions parfois que, Jésus étant en nous (Col 1, 27), ce que nous ressentons, Jésus le ressent en quelque sorte à travers nous. Ce que nous souffrons aujourd'hui, Jésus l'a porté dans sa passion, et donc notre souffrance, unie à la sienne, participe au salut du monde. En ce sens, on peut dire que sa souffrance rédemptrice se prolonge dans son Corps qui est l'Église. Notre cœur est uni au sien lorsque nous sommes sensibles aux souffrances de ceux qui nous entourent comme à celles de ceux qui sont ailleurs dans le monde.

Récemment, une religieuse âgée nous a confié son souci : elle pensait qu'elle avait dû commettre un péché car elle souffrait terriblement dans son esprit. Elle était assise sur notre lit dans la chambre de la maison de l'évêque chez qui nous séjournions. Je la regardais, c'était une des personnes les plus humbles et les plus gentilles que j'aie jamais rencontrées, et je me demandais quel grand péché une telle sainte pouvait bien avoir commis. C'est un peu comme pour le pape : il va se confesser toutes les semaines mais il me semble que ses fautes sont différentes des miennes. Je confesse un manque de rigueur dans ma vie de prière, et lui se confesse probablement de ne pas avoir pu travailler vingt-deux heures par jour tous les jours de la semaine pour servir l'humanité.

J'étais en train d'essayer de comprendre quels « crimes » elle avait bien pu commettre quand une pensée que je n'avais encore jamais eue me traversa l'esprit. « Et si sa souffrance était celle de Jésus ? » Cela avait l'air d'un conseil raisonnable, aussi lui avons-nous suggéré d'aller devant le Saint Sacrement et de dire : « Jésus, je t'offre ce que tu souffres en moi. »

Cela dut être un bon conseil car tout son comportement changea. Au lieu de se culpabiliser, elle est devenue la joyeuse servante de l'œuvre de Jésus. Nous ressentons parfois une chose pour laquelle il y a un besoin de repentance. Cela vient parfois d'une souffrance personnelle qu'il est nécessaire d'offrir, comme nous l'expliquons dans un autre chapitre, d'autres fois Jésus permet que nous ressentions ce qu'Il a ressenti, c'est alors un honneur et non une punition.

Ce n'est pas une punition mais un honneur d'avoir Jésus qui souffre à travers nous.

Plus le Christ se développe en nous, plus Il vit à travers nous. L'apôtre Paul disait : « Je suis crucifié avec le Christ. Ce n'est plus moi qui vis mais c'est le Christ qui vit en moi. La vie que je vis maintenant dans la chair, je la vis dans la foi au Fils de Dieu qui m'a aimé et s'est livré pour moi. » Mon fils Scott m'a écrit de Rome cette semaine et m'a dit qu'il apprenait au séminaire que lorsque nous aimions notre prochain, c'était vraiment le Christ qui l'aimait à travers nous.

Le monde souffre autour de nous et Jésus le ressent à travers nous. Il se peut même que ce découragement, cette peur ou cette profonde angoisse qui trouble soudain notre cœur avec la fulgurance de l'éclair soit l'état dans lequel se trouve une autre personne, proche ou lointaine. Notre fille Maggie ressent souvent les difficultés que traverse son frère aîné. Dieu lui permet de faire cette expérience pour qu'elle puisse prier et aider son frère.

Il ne faut pas spiritualiser tout ce que nous éprouvons, mais il est bien possible que Jésus désire votre aide par l'offrande d'une angoisse humaine au Père. Quand nous sommes prêts, Il nous fait partager quelque chose de ce qu'Il ressent dans les cœurs de l'humanité souffrante. Au lieu de prendre des comprimés ou de chasser la douleur, nous pourrions peut-être demander au Saint-Esprit de révéler à nos cœurs la source de cette souffrance. Si vous demandez avec foi, souvent vous aurez une connaissance intérieure de l'origine de ces sentiments très forts et de ces douleurs (He 4, 16).

Quand on vit sous la conduite de la Miséricorde, le Cœur miséricordieux de Jésus en nous a percé la carapace de notre intelligence et de nos sentiments et nous faisons l'expérience de ce dont Il fait l'expérience en nous. Quand cela arrive, la meilleure chose à faire, c'est d'aller rapidement prier. Peut-être veut-Il vous en dire plus, peut-être pas. Dites simplement : « Jésus, je t'offre la souffrance que tu vis en moi. Merci de me faire l'honneur de me laisser porter ce fardeau avec toi » (voir Ga 6, 2).

Si nous vivons avec Jésus les souffrances des autres, souvent la souffrance nous quitte après la prière. C'est peut-être une façon de discerner d'où cela venait et où cela allait. Cela aide à ne pas devenir égoïstement orgueilleux de participer aux souffrances du Christ. Car si nous tombons dans l'orgueil, cela va à l'encontre de notre objectif et nous sommes bons pour retourner nous confesser.

Unir notre cœur avec les Cœurs de Jésus, de Marie et de l'Église nous fait entrer tôt ou tard en contact avec l'angoisse humaine qui nous entoure, et c'est parce que nous sommes un avec Jésus, Marie et l'Église que nous avons la joie douloureuse de communier à leurs souffrances. Oui, l'Église souffre comme un organisme vivant. Elle porte le poids de la souffrance du monde. Nous faisons partie de ce Corps du Christ et c'est pourquoi il est normal que nous éprouvions parfois ce qu'il souffre.

C'est parce que nous sommes un
avec Jésus, Marie et l'Église
que nous avons la joie douloureuse
de communier à leurs souffrances.

Pouvez-vous demander de commencer à vivre ce que vivent le Christ, Marie et l'Église ? Je ne sais pas. D'une certaine façon j'aime que ce soit Jésus qui amorce le processus. Je ne suis pas très courageux dans la souffrance. Je ne veux pas aller cueillir des souffrances à droite et à gauche. Dieu est sage et Il ne nous laissera pas souffrir au-delà de ce que nous pouvons endurer avec la grâce qu'Il nous donne. Il sait quand c'est le moment. Notre travail, c'est d'être sensibles et d'offrir ce qu'Il nous permet de vivre avec lui (1 P 2, 19-21).

CHAPITRE XIII

Les messagers de la Miséricorde de Marie Les missionnaires du Cœur d'or de Marie

En tant que catholiques, nous sommes envoyés en mission de Miséricorde par la Mère de l'Évangélisation.

Nous sommes toujours surpris, même après sept ans d'Évangélisation catholique, de la place que Jésus a choisie pour sa mère dans ce travail d'Évangélisation par la Miséricorde. *Premièrement*, elle nous attire. *Deuxièmement*, elle nous envoie au dehors et assure notre formation en chemin. Vous ne savez jamais où vous finirez quand la Mère est impliquée dans votre formation, et cette formation ne finit jamais : les exemples qui suivent en sont une illustration. Dans le premier, à Beauraing en Belgique, nous voyons comment Marie attire une personne. Le second, à Chiquinquira en Colombie, nous montre comment elle nous forme pour notre mission d'Évangélisation.

« Il a un cœur d'or. Il a le cœur d'une mère. » Ces phrases venant du Seigneur ont jailli dans la tête de Martine Daudu pendant la session d'ouverture de Beauraing 96. Pendant la louange, j'aidais les personnes en fauteuil roulant à danser en les poussant de droite et de gauche. Leurs sourires et les gestes de leurs mains compensaient largement leur incapacité à se servir de leurs pieds. Je ne pouvais pas danser avec les cinquante fauteuils roulants, mais je faisais tout mon possible pour en toucher un maximum.

Martine et son mari Henri nous avaient accompagnés à Beauraing pour une session de cinq jours qui rassemblait environ cinq mille cinq cents participants. Quand je fus invité à parler à Beauraing, je ne savais absolument pas que c'était un lieu de pèlerinage. La Vierge Marie était apparue à cinq enfants sur une période de deux mois en 1932 et 1933. Depuis, on avait bâti une énorme basilique pour recevoir les pèlerins. Les Daudu et cinq autres protestants étaient venus avec moi pour faire contrepoids aux catholiques. (Huit protestants évangéliques sont capables de faire presque autant de bruit que cinq mille catholiques.)

En 1996, si l'on m'avait invité à parler sur Marie, j'aurais refusé : d'abord, parce que je n'avais rien à dire, ensuite, parce que j'avais de sérieux doutes sur ses apparitions. Les Daudu aussi se demandaient pourquoi je les avais invités à m'accompagner dans un lieu de pèlerinage, vu que Martine était assez anti-Marie à l'époque. Depuis, ils ont réintégré l'Église catholique et aiment ma Mère.

Marie révèle son Cœur d'or aux enfants.

Ces mots que Martine entendit dans son cœur : « Il a un cœur d'or, il a le cœur d'une mère » étaient unc sorte de prophétie de ce qui allait se passer un an et demi plus tard. C'est intéressant de voir qu'à Beauraing Marie a révélé son Cœur d'or aux enfants. Martine ne le savait pas quand elle a entendu ces phrases dans son propre cœur. Ces mots lui ont paru étranges, aussi ne me dit-elle pas ce que son cœur lui disait. Elle l'écrivit dans son carnet et l'oublia.

Deux ou trois mois plus tard, elle était en train de chercher un livre dans une librairie de Blois. Tout à coup, elle tomba sur un livre qui émergeait du lot et remarqua que cela parlait d'un Cœur d'or. Elle prit le livre et lut : *Marie au Cœur d'or, les apparitions de Beauraing*, par Mgr André Léonard, évêque du diocèse de Namur, dont Beauraing fait partie.

Elle n'arrivait pas à croire qu'elle avait en quelque sorte entendu ces mots dans son cœur à Beauraing pendant la conférence. Elle arriva sur-le-champ pour m'en parler et nous nous sommes tous les deux demandé ce que cela voulait dire. Marie, elle, le savait. Elle est à côté de son Fils, si bien que, grâce à leur complicité, elle a beaucoup de renseignements et sait qui va accepter d'être messager de Miséricorde.

Deux ans plus tard, je parlais à nouveau à Beauraing – et cette fois je croyais depuis six mois à la place de Marie dans le plan de Dieu pour l'homme – quand des religieuses, qui avaient entendu dire que nous avions été missionnaires en Côte d'Ivoire pendant de nombreuses années, vinrent me trouver.

« Une personne de notre communauté a travaillé en Côte d'Ivoire, vous la connaissez peut-être ? demanda une des sœurs.

– Sans doute pas, lui répondis-je, je ne connaissais pas beaucoup de sœurs. Où travaillait-elle ?

– Elle était infirmière à la prison d'Abidjan.

– Je l'ai peut-être connue ; j'ai beaucoup travaillé à la prison d'Abidjan moi aussi. Comment s'appelle-t-elle ?

– Catherine Mausen ! »

Je connaissais très bien Catherine car nous avions travaillé ensemble pendant plusieurs années à la tâche difficile de s'occuper des malades et des mourants et de les nourrir. Les sœurs ont sauté de joie quand je leur ai dit que Catherine avait appris à ma femme comment changer les pansements d'un grand brûlé pour lui sauver la vie. C'était une amie intime, même si elle était religieuse et moi pasteur.

« Où votre congrégation est-elle basée, et d'où Catherine venait-elle ? ai-je demandé.

– Oh, nous sommes basées à Beauraing et Catherine est d'ici. »

Tout d'un coup, tout s'est mis en place dans mon cœur. Bien que Catherine ne m'ait jamais parlé de Marie, elle l'aimait profondément et elle lui parlait sûrement de son ami Richard. Dix ans plus tard, sans que Catherine ait parlé à ceux qui nous avaient invités à Beauraing, je me retrouvais dans un lieu de pèlerinage important et j'espérais qu'un jour mon cœur ressemblerait un peu au cœur d'or de Catherine. Tout a commencé avec les humbles prières d'une religieuse inconnue d'une prison d'Abidjan. Et aujourd'hui nous sommes missionnaires de la Miséricorde de Marie.

Entre parenthèses, je remercie Dieu pour Catherine, pour sa vie et pour ses prières pour Danelle et pour moi. S'il y a quelqu'un à proposer pour une béatification, c'est bien elle. Elle est morte suite à une maladie contractée au cours de son travail à la prison et est partie rejoindre Jésus. Je crois que nous allons découvrir que Marie nous a d'abord attirés par Catherine. J'espère qu'un jour Jésus, par son Église, se souviendra d'elle publiquement.

Deuxièmement, dix ans plus tard, en 2006, Marie nous a de nouveau surpris dans un lieu de pèlerinage. Une fois que Marie nous attire, nous entrons dans un programme d'entraînement permanent pour ne cesser de nous améliorer en tant que missionnaires de la Miséricorde, en reflétant le Cœur d'or de Marie.

Marie du Rosaire de Chiquinquira

Je me retrouve en Amérique du Sud, dans une petite ville du nord de la Colombie. Je suis venu ici apprendre l'espagnol lors d'un séjour de six semaines en immersion dans un pays de culture et de langue totalement espagnoles. Ce qui est surprenant, c'est que cette ville est très importante en Colombie. Je n'avais absolument pas idée en arrivant ici, plutôt que dans une des centaines d'autres villes où j'aurais pu me rendre, que Marie m'avait envoyé dans une ville particulièrement bien choisie. Je crois qu'elle m'a envoyé ici pour apprendre à être un messager de la Miséricorde plus efficace et accessoirement pour apprendre l'espagnol.

Cette ville s'appelle Chiquinquira, ce qui en langue chibcha signifie « cité de prêtre ». Il m'a fallu une semaine pour apprendre à prononcer le mot Chiquinquira en espagnol de Colombie. En avez-vous déjà entendu parler ? Pas le dictionnaire de mon ordinateur, je le sais parce que le mot est toujours souligné en rouge. Je crois que je vais l'ajouter à la liste des mots connus si vous voulez bien attendre une minute... Ça y est, maintenant c'est un mot bien connu du dictionnaire Microsoft. Qu'est-ce que Chiquinquira a de si particulier ?

Je me suis rendu compte que c'était un site exceptionnel dès le premier jour où je suis allé à la messe. L'immense place publique était écrasée par une école et une immense basilique. L'école, du nom de saint Thomas d'Aquin, s'est implantée là avant que les États-Unis ne constituent une nation. Je me suis demandé ce qu'une basilique pouvait bien faire là. De fait, j'ai trouvé dix grandes églises dans la ville, en comptant la cathédrale du Sacré-Cœur. La ville de Gainesville en Géorgie où nous habitons est deux fois plus grande et n'a qu'une église catholique, alors, là-bas, pourquoi tant de piété catholique ? Je suis allé dans la basilique et je fus impressionné par sa beauté et par le flot constant des visiteurs.

D'énormes autels surmontés de statues plus grandes que nature étaient alignés le long des bas-côtés, avec quelques-uns de mes saints favoris : saint Joseph, sainte Catherine de Sienne, saint Martin de Porres, saint Vincent Ferrier, sainte Rose de Lima, saint Dominique et saint Thomas dont la fête tombe le jour de mon anniversaire, que j'ai d'ailleurs célébré à Chiquinquira. Il y avait des niches avec des statues et des autels pour le Sacré Cœur de Jésus, l'Assomption et l'Immaculée Conception ; en tout, cela faisait quinze chapelles. Sur le côté du maître-autel, couvert de beaux bouquets de fleurs de toutes sortes, partait une entrée menant à plusieurs confessionnaux et à un grand presbytère attenant, occupé par des dominicains.

J'ai fêté le septième anniversaire de notre conversion au catholicisme le 2 février, jour de la commémoration de la présentation de Jésus au Temple, dans la basilique, avec une centaine de prêtres dominicains. Quarante hommes prononçaient leurs vœux définitifs dans l'ordre. Comme c'était gentil de la part de Marie d'envoyer tous ces prêtres faire la fête avec moi. J'ai arrêté peut-être le seul prêtre parlant le français et j'ai pu me confesser sans me servir d'un dictionnaire espagnol.

Après deux ou trois jours d'assistance à la messe et d'adoration dans la basilique, j'ai décidé qu'il était temps de découvrir pourquoi on en faisait « tout un plat ». J'ai donc acheté une brochure dans une des nombreuses boutiques extérieures qui vendent tous mes objets préférés : rosaires, scapulaires, médailles et autres publicités pour Jésus et Marie. J'ai été obligé de rire en lisant l'histoire parce que cette fois je savais comment j'avais atterri à Chiquinquira. De la même façon que Jean-Paul II en 1986, sauf que lui savait pourquoi il venait. Nous étions venus tous les deux à cause de Marie, lui en pèlerinage pour commémorer le quatre centième anniversaire du miracle, et moi pour être mieux équipé pour être messager de sa Miséricorde.

C'est toujours agréable de connaître le nom d'une église paroissiale ou d'une basilique. Cela a un rapport avec les grâces présentes dans l'église en question. Pour quelque raison étrange qui ne nous a pas encore été expliquée, il est rare que le nom d'une vieille église soit placé là où on peut le trouver. Nous les catholiques, nous aimons jouer à de petits jeux comme de savoir où est le tabernacle ou comment se nomme une paroisse. Après presque cinq semaines, j'ai fini par trouver que la basilique s'appelait *Nuestra Señora del Rosario de Chiquinquira.*

Vu que j'aime le rosaire plus que certains, je suppose qu'elle avait décidé de m'amener ici pour le prier. Je n'ai demandé qu'une seule chose pour moi, en espérant que ce n'était pas trop égoïste : que je puisse prendre moins de comprimés contre la migraine. Pour la première fois en plus de cinq ans, j'ai pu arrêter de prendre mes médicaments pendant dix jours.

On trouve, dominant l'autel de la basilique, un tableau de la Vierge à l'Enfant encadrée par saint André et saint Antoine. J'aurais dû apporter les jumelles de Danelle. En regardant attentivement on voit deux rosaires sur le tableau, l'un est offert par Jésus, l'autre par Marie. Tout a un sens dans une peinture miraculeuse.

Le 26 décembre 1586 la peinture sur toile de la Vierge à l'Enfant rayonna de la gloire de Dieu. Commença alors une longue série de miracles et de pèlerinages effectués par des grands personnages comme Simon Bolivar ou le pape et par des « inconnus » comme moi. Je suis peut-être le seul à ne pas avoir été au courant de l'importance de la ville à son arrivée. Je ne sais pas pourquoi à l'entrée de la ville j'ai manqué le panneau signalant que c'était la capitale religieuse de la Colombie. Vous pouvez en savoir plus sur ce lieu extraordinaire en faisant une recherche avec Google. Vous pouvez recevoir les grâces qui y sont présentes en faisant vous-mêmes un pèlerinage.

Chaque site marial possède des grâces particulières à recevoir pour l'Évangélisation par la Miséricorde.

En tant que catholiques, nous sommes les messagers de la Miséricorde de Marie. C'est cela, la nouvelle Évangélisation. Le programme de formation semble inclure des pèlerinages dans de nombreux lieux désignés par l'Église. Pour nous, le premier fut Beauraing en Belgique. Depuis, il y en a eu quelques-uns. Il y a un nombre limité de sites mariaux autorisés par l'Église, chacun d'eux ayant une grâce particulière à recevoir pour l'Évangélisation par la Miséricorde. J'espère que nous pourrons nous rendre dans tous ces sites pour parachever la formation à la Miséricorde dont nous avons besoin. Tout en écrivant, je m'aperçois que nous sommes aujourd'hui le 11 février, la fête de notre Mère de Lourdes !

Où que se trouve la Mère, il y a une grâce de Miséricorde à recevoir. Bien sûr, vous pouvez prier n'importe où ; Marie peut aussi venir vous visiter personnellement comme elle le fit pour nous [1]. Mais dans un pèlerinage il y a quelque chose à recevoir qui nous équipe en tant que messagers de la Miséricorde. Un bon principe, c'est d'aller là où va le pape. Si l'Église considère qu'un endroit est assez important pour que le représentant de Dieu sur terre s'y rende, alors nous y allons aussi.

En disant *Fiat*, en écoutant et en obéissant, nous découvrons que tout ce qui arrive fait partie du programme de formation pour vivre sous la conduite de la Miséricorde. Voici la question que l'on m'a le plus sou-

---

1. Voir *Le coup de grâce* et *À la recherche du Jardin perdu*, déjà cités.

vent posée, après s'être étonné que les Américains n'aiment pas la Colombie : « Pourquoi es-tu venu à Chiquinquira si tu ne savais pas que c'était un lieu de pèlerinage ? » Tout est dans le plan de Dieu, que je le comprenne d'entrée de jeu ou non. Je pensais que je devais au moins passer quelques jours à Bogotá vu que c'est presque aussi important que Chiquinquira et qu'il y a plus de huit millions d'habitants. J'y ai passé cinq jours et devinez le nom de la première église dans laquelle je suis entré pour la messe : *Nuestra Señora de Chiquinquira*. C'est la seule de ce nom à Bogotá.

Si j'enseignais dans une classe, au point où nous sommes, je vous poserais une question. Quelles autres choses avez-vous apprises dans ce chapitre sur la façon de vous équiper pour vivre sous la conduite de la Miséricorde ? Heureusement, nous ne sommes pas en classe. Je vous demanderai donc seulement de dire *Fiat* au fait de devenir encore plus un « messager de la Miséricorde de Marie ». Le reste est l'œuvre du Saint-Esprit.

CHAPITRE XIV

Le dernier mot
Les sacrements de la Miséricorde

C'est quelque fois une tentation de vouloir faire plus que l'Église n'en demande.

Les sept sacrements de l'Église sont tissés de Miséricorde afin de nous protéger de nous-mêmes. Prenons deux exemples, le baptême et la confession. Comment le garde-fou de la Miséricorde nous protège-t-il dans ces sacrements ? S'il vous plaît, réfléchissez un moment à la puissance des sacrements.

Tout d'abord, considérons un prêtre qui, après avoir célébré la messe pendant des années, ne croit plus à la présence réelle dans l'eucharistie. Quand il récite la prière eucharistique, le pain et le vin sont-ils encore transformés en Corps et en Sang du Christ ? Oui, bien sûr. Nous sommes protégés par la Miséricorde et non par notre foi, qu'elle soit forte ou hésitante.

De même, le sacrement de baptême laisse en l'âme une marque indélébile, qui n'est pas nécessairement liée à la foi du baptisé. C'est sûrement beaucoup plus facile de croire cela que de ne pas le croire et cela nous donne une profonde paix intérieure. Nous croyons que le sacrement est efficace parce que l'Église le dit. Nous les catholiques, nous sommes comme des moutons, nous suivons l'enseignement de l'Église. Si le *Caté-*

chisme de l'Église catholique dit quelque chose, nous le croyons sans poser de questions.

Si nous aimons poser des questions sur ce que nous avons lu dans le *Catéchisme*, ce n'est pas parce que nous doutons mais parce que nous croyons. Nous voulons en extraire toute la Miséricorde en le comprenant pleinement. Je suis devenu catholique parce que j'ai lu la Bible en essayant d'en retirer toute la vérité. Les questions provenant d'un cœur en recherche finissent par conduire à une compréhension totale de la vérité.

Autrement dit, si un bébé est baptisé au nom du Père, du Fils et du Saint-Esprit, il reçoit ce que le *Catéchisme* dit qu'il reçoit. Même s'il ne le croit pas quand il est vieux, il l'a tout de même reçu. Il y a une emprise particulière de la Miséricorde sur lui.

Cela me fait penser à ce jeu télévisé où le candidat répond à des questions et où l'animateur demande : « C'est votre dernier mot ? » Le candidat réfléchit un moment, peut-être change-t-il de réponse, après quoi on lui redemande : « C'est votre dernier mot ? » Je rencontre des gens qui ont été baptisés dans l'Église catholique mais qui l'ont quittée ensuite. Ils ne croient plus dans la puissance du sacrement de baptême. Ils affirment fermement, et parfois violemment, leur foi en autre chose que notre foi catholique, renonçant aux sacrements, qu'ils considèrent comme une fausse réponse. Dieu patiente et, inlassablement, jusqu'à la dernière minute de leur vie, Il continue de leur demander : « C'est votre dernier mot ? ».

Dieu patiente et, inlassablement, jusqu'à la dernière minute de leur vie, Dieu continue de leur demander : « C'est votre dernier mot ? »

Prenons maintenant le sacrement de confession. Quelqu'un est venu me trouver pour me dire qu'il avait confessé une faute plutôt embarrassante à un prêtre mais qu'il avait l'impression de ne pas être encore vraiment pardonné. Il se sentait coupable de son péché et ne savait pas quoi faire. Il avait l'impression d'être dans un trou et de ne pas pouvoir en sortir. Il n'était plus dans le péché et ne voulait en aucun cas y retourner, mais il avait besoin d'aide.

Pendant que nous parlions, cette phrase est sortie : « N'exigez pas de vous plus que l'Église n'en demande. » Le prêtre, au nom du Père, du Fils et du Saint-Esprit, c'est-à-dire au nom de la plus haute autorité qui existe, nous pardonne de tous nos péchés à la fin de notre confession. Qui sommes-nous pour nous placer au-dessus de l'Église en disant que nous n'avons pas reçu ce que le sacrement dit que nous avons reçu ? Si l'Église, par l'intermédiaire du prêtre, dit que vous êtes pardonnés, vous l'êtes. Si Jésus, par l'intermédiaire de l'Église et du prêtre, dit que vous êtes pardonnés, vous l'êtes (Mt 16, 17-19). Point à la ligne !

Si Jésus, par l'intermédiaire de l'Église et du prêtre, dit que vous êtes pardonnés, vous l'êtes.

Nous devons faire attention à ne pas nous placer au-dessus de l'Église. Si l'Église le dit, c'est Dieu qui parle. Waouh ! Même si nous doutons intérieurement, même si le diable nous souffle que l'Église ne peut pas nous pardonner, même si le monde entier doute, nous sommes pardonnés. Un orgueil égoïste cherche à nous en imposer plus que l'Église et à se placer ainsi au-dessus d'elle.

Disons que vous avez mangé sept kilos de chocolat, que vous avez été malades pendant un mois, avez pris cinq kilos, etc. Vous vous confessez et le prêtre vous dit : « Comme pénitence vous direz un *Je vous salue Marie* et vous mangerez moins de chocolat. » Vous décidez que ce n'est pas suffisant, alors vous priez un million de *Je vous salue Marie* et arrêtez de manger du chocolat. Eh bien, cela fait neuf cent quatre-vingt-dix-neuf mille neuf cent quatre-vingt-dix-neuf *Je vous salue Marie* et tout le chocolat que vous n'avez pas mangé qui ont nourri votre orgueil. De grâce, ne rendez pas les choses plus difficiles qu'elles ne le sont. De grâce, ne rejetez pas la Miséricorde qui se manifeste par le sacrement.

Je vois dans ma tête le personnage du film *Mission* qui tire en haut d'une falaise un énorme filet plein d'objets en métal pour s'imposer une pénitence. Cela l'a peut-être musclé, cela a peut-être satisfait son ego, mais cela ne lui a pas donné le pardon. Il n'y a que la Miséricorde qui nous obtienne le pardon. Je vous entends dire : « Oui, mais il faut que nous pardonnions à nous-mêmes. » Soit, mais traîner un gros poids ou douter de la puissance du sacrement ne fera que satisfaire le besoin qu'éprouve notre orgueil de payer pour la faute. Si le prêtre dit de hisser une tonne de chocolat en haut de la falaise comme pénitence, alors faites-le avec joie, mais s'il ne le dit pas, contentez-vous de prier le *Je vous salue Marie* avec un cœur sincère et allez manger un petit carré de chocolat.

Je crois que j'ai aidé mon ami en lui disant cela. Je verrai s'il hisse un fardeau en haut de la falaise la prochaine fois que nous nous rencontrerons. Nous avons creusé un trou et nous sommes tombés dedans en péchant. Avec notre aide, le prêtre nous en retire et nous dit : « Va et ne pèche plus. » La pénitence, c'est remplir le trou avec de la terre de sorte que nous ne ressautions pas dedans aussitôt après avoir quitté le confessionnal.

La Miséricorde de Dieu est infinie. Parfois, j'effraie le prêtre à la fin de la confession : il est à moitié mort de peur. Sans y penser je saute sur mes pieds, plein de joie d'être pardonné, et je crie : « Alléluia ! » ou « Gloire à Dieu ! » Peu importe ce que vous avez fait, peu importe le nombre de fois où vous l'avez fait, vous êtes pardonnés. Alléluia, va et ne pèche plus.

La Miséricorde de Dieu est infinie.

CHAPITRE XV

La Miséricorde a un bon coefficient d'adhérence

La Miséricorde adhère du premier coup et tient pour toujours.

En Afrique, un maçon m'a donné un cours sur la capacité d'adhérence des enduits. Il crépissait le mur pignon d'un des bâtiments que nous faisions construire pour l'école missionnaire. J'étais surpris de la façon dont il prenait le mortier sur la truelle pour l'envoyer en douceur sur le mur ; cela ne retombait pas par terre, mais adhérait au mur quasi miraculeusement. Je lui demandai pourquoi il arrivait à lancer son mortier d'une simple chiquenaude du poignet plutôt qu'avec toute la force d'un joueur de tennis renvoyant la balle à son adversaire.

Il sourit et me dit que tout le secret était dans la qualité de l'enduit qui est composé de sable, de ciment pulvérulent et d'eau dans des proportions variables. « Tu peux savoir tout de suite si le mortier va adhérer et tenir longtemps à la façon dont le maçon le jette. S'il doit le jeter de toutes ses forces, cela signifie qu'il ne contient pas beaucoup de ciment. Si on ajoute du ciment, cela permet au sable de coller à la brique. » J'ai pris note aussitôt et n'ai jamais oublié.

S'il doit le jeter de toutes ses forces, cela signifie qu'il ne contient pas beaucoup de ciment.

La Miséricorde permet au message de prendre ! Quand j'étais prédicateur pentecôtiste, je pensais que plus durement je jetais le message à la tête des gens, plus fort je criais pour le proclamer, plus il y avait d'Esprit présent. La vie des gens serait sûrement transformée si je transpirais et si je hurlais pendant trois heures. J'étais sincère, il y avait même des guérisons physiques, mais bien souvent cela ne prenait pas. Il n'y avait pas assez de Miséricorde dans mon « crépi ».

La Miséricorde nous a frappés il y a huit ans Danelle et moi, et ça a pris. Nous n'avons été ni renversés ni assommés quand elle est venue. Il n'y eut ni tonnerre ni éclairs, mais nous avons su que nous avions été « enduits » d'un mortier garanti à vie, de forte teneur en ciment, et résistant à l'orage. À l'arrivée de la Miséricorde, tout a changé dans nos cœurs et dans nos relations.

La Miséricorde adhère comme l'amour en 1 Co 13. L'amour est patient et doux. Il est rempli des fruits de l'Esprit : amour, joie, paix, douceur, bonté, maîtrise de soi... Là où l'on crie beaucoup, où le ministère s'exerce avec violence, la Miséricorde est absente. J'ai même entendu dire une fois que Marie allait passer dans la foule et renverser les gens ! Et en effet les gens sont tombés, mais le ciment qui les a frappés ressemblait plus à du béton. Il manquait la Miséricorde. Qu'est-ce qui les a renversés ? Allez savoir !

Le feu vengeur et la Miséricorde ne se mélangent pas. Si vous cherchez le feu vengeur, allez à une *rave party* ou à un meeting pentecôtiste, ou encore à une imitation catholique de meeting pentecôtiste, mais de grâce ne nous invitez pas. Pendant vingt-cinq ans nous avons eu plus que notre dose de cet enduit de feu, et il n'a pas pris. Il n'arrêtait pas de s'effriter et nous devions nous faire recrépir une fois par semaine.

Un « crépi » par Jésus crucifié et Marie,
et nous sommes bons pour la vie.

Un « crépi » par Jésus crucifié et Marie, et nous sommes bons pour la vie. Vous voyez, la Miséricorde jointoie les pierres de taille de notre cœur. Cela a été conçu pour souder notre cœur et le nourrir par la même occasion. Le ciment de la Miséricorde possède un ingrédient qui n'appartient qu'à lui. Il a l'eau de la vie issue de la croix, et Marie. Il ne perdra jamais ses qualités. Inutile de le peindre ou de le remplacer. Le maçon divin et sa mère savent comment lui garder son fort coefficient d'adhérence. La seule chose que nous ayons à faire : rester calme en attendant que ça prenne.

Alors ne craquez pas pour un de ces crépis de contrefaçon tape-à-l'œil, quelle qu'en soit la couleur. La couleur passe et vous restez là, dépourvus de Miséricorde. Plutôt que de recrépir votre cœur, vous pourriez consacrer votre temps à autre chose. Vous pourriez par exemple embaucher des gens en CCMJM (Contrat de crépissage de la Miséricorde de Jésus et Marie) dans votre paroisse. Le prêtre n'est peut-être pas très rapide pour lancer le crépi, mais il va prendre si vous le laissez faire.

CHAPITRE XVI

L'attraction de la Miséricorde

Les prières des saints exercent sur nous une constante « attraction de la Miséricorde » pour nous faire entrer dans une vie de sainteté.

La fête de la Toussaint est un temps de révélation de la Miséricorde de Dieu qui s'exprime au travers des saints qui nous attendent et prient pour nous au ciel. Cette année, pendant la messe de Toussaint, j'ai vu en esprit une chose un peu étrange. Un homme se tenait debout, une corde faite de nombreux élastiques passée autour de la taille. Loin derrière lui, de nombreuses personnes tenaient tous ces solides élastiques bien tendus. L'homme s'éloigna et les élastiques filèrent entre les doigts des personnes qui les tenaient, mais chacune se cramponna à l'extrémité du sien, et toutes ensemble elles tirèrent de plus en plus fort. La tension conjuguée de tous les fils finit par l'emporter sur sa résistance et il fut irrésistiblement tiré en sens inverse. Ne voulant pas qu'on le force à revenir malgré lui, il saisit un ouvrage fermement ancré au sol et s'y accrocha. Finalement, il dut abandonner et, à son grand étonnement, il fut brusquement jeté dans les bras de quelqu'un qui l'aimait beaucoup.

Nous sommes faits pour le ciel et nos cœurs sont attachés fermement par des sortes de cordes, élastiques mais solides, qui à l'autre extrémité sont reliées au baptême. Ce sont les cordes de la Miséricorde. Pouvons-nous couper toutes les cordes qui nous attachent ? Interrogez votre cœur ! Les saints tiennent les cordes et exercent une traction modérée sur nos cœurs pour que nous venions à la Maison et vivions dans la sainteté. L'élastique glisse entre leurs mains jusqu'à ce que nous criions : « Sainte Thérèse, priez pour que je comprenne la Miséricorde comme vous. Sainte Marguerite-Marie, priez pour que je voie le Cœur miséricordieux de Jésus comme vous. Saint François, priez pour que je danse une sainte danse de joie comme vous. » Alors les saints attrapent les cordes et se mettent à nous hisser par leurs puissantes prières de Miséricorde. Ils ne jugent pas ; ils ne le peuvent pas, ils sont plongés pour toujours dans le Cœur miséricordieux de Jésus.

Même si nous nous accrochons à un péché qu'il est difficile d'abandonner, ils continuent de tirer si nous continuons de demander leurs prières. Et nous finissons par abandonner nos addictions, nos extrêmes, nos peurs et ils nous font glisser à toute allure dans les bras tendus de Jésus et de Marie. Toute la Gloire est pour Dieu, mais les prières des saints nous aident à y entrer.

La Miséricorde, par la prière des saints,
est plus forte que l'attraction de tout ce qui nous
attache aux choses de ce monde.

Bien sûr, ce n'est qu'une pensée qui m'est venue pendant la messe de Toussaint, mais je me demande si nous ne devrions pas tenir compte des pensées qui nous viennent à l'esprit quand nous sommes avec Dieu dans l'éternité à la messe. Quelle est la force d'attraction de la Miséricorde ? Nous croyons que, par la prière des saints, elle est plus forte que l'attraction de tout ce qui nous attache aux choses de ce monde. Elle nous aide à faire ce que nos cœurs désirent vraiment. Elle nous conduit en nous tirant jusque dans le Cœur de Jésus et de Marie.

Si vous vous sentez loin, c'est peut-être le moment de vous arrêter et de prier pour demander à quelques-uns de vos saints de Miséricorde favoris de tirer sur les cordes. À l'heure où j'écris, je suis entouré d'une petite armée d'enfants, et je les laisse contrarier mes efforts pour vivre dans la Miséricorde. « Saint Don Bosco, prie pour moi, tire-moi vite vers la Miséricorde. »

CHAPITRE XVII

Le marathon de la Miséricorde

Les saints marathoniens courent le marathon de la Miséricorde.

Nous voudrions vous encourager en vous décrivant deux marathoniens : l'un qui prie avec nous et le second qui court le marathon. Le premier s'appelle saint Sébastien, le second Père Antoine. J'ai vu le second en pleine action ; pour le premier, j'ai vu le résultat de ses prières.

On représente saint Sébastien attaché à un arbre et transpercé de flèches. Selon la tradition, il s'est fait soldat romain pour témoigner de sa foi et, ce qui était courant durant les premiers siècles de l'Église, on l'a arrêté et menacé de mort s'il ne jurait pas de se prosterner devant César. Comme cela s'est passé pour la plupart des saints des premiers siècles, au lieu de se prosterner il se réjouissait de défendre sa foi au Christ.

On l'attacha à un arbre et on commença à lui décocher des flèches, s'attendant à ce qu'il abjure. Il avait un physique aussi solide que sa foi et il tint bon. Finalement, il a fallu le mettre à mort parce qu'il refusait de renier le Christ comme son Seigneur. Il ressemblait beaucoup à son Sauveur en croix, couvert de sang de la tête au pied. À cause de sa patiente endurance dans la souffrance, saint Sébastien est le patron des athlètes.

John Depalmas est kayakiste et paroissien de notre église à Gainesville en Géorgie. Il ressemble un peu à ce qu'a dû être Sébastien, les flèches en moins bien sûr. Des gros muscles et un grand cœur. Il s'entraîne tous les jours et a gagné nombre de compétitions. Un jour il nous a emmenés, Danelle et moi, faire du kayak sur le lac et après quelques kilomètres, il a dû nous tirer pour nous ramener sur le rivage. Je ne me suis pas fait avoir deux fois.

Un soir où John était venu prier à la maison, il remarqua toutes nos reliques dans notre coin prière. Il fut particulièrement intrigué par un morceau d'os de saint Sébastien et me dit qu'il était le patron des athlètes. Quelques semaines plus tard, il partait pour une compétition, John, bien sûr. Nous lui avons offert de le faire accompagner par saint Sébastien, comme cela, il pourrait prier avec lui pour les courses auxquelles il allait participer. Il s'agissait de deux compétitions à l'échelon national, l'une à New York, l'autre à Seattle dans l'État de Washington. Il se présentait aussi à l'épreuve de sélection pour l'équipe olympique de kayak : pour lui, c'était la course la plus importante.

À son retour, nous étions impatients de savoir comment il s'était débrouillé avec saint Sébastien. Malheureusement, il était onzième pour la sélection olympique, or seuls les dix premiers sont pris. J'étais un peu triste pour lui qui s'était entraîné si longtemps et si dur. Il le prit très bien et dit qu'il allait partir six mois en Australie pour poursuivre son entraînement. Je me demandais pourquoi il n'avait pas fait mieux, d'autant plus qu'il avait vraiment travaillé dur et que saint Sébastien était avec lui.

Je lui demandai d'un air dégagé ce qu'il avait fait dans les autres compétitions nationales, pensant qu'il avait sans doute obtenu à peu près la même place.

« Quel genre de course était-ce et comment t'en es-tu sorti ?

– Oh, c'étaient des marathons dans les deux cas.

– Bien, et comment t'en es-tu sorti ?

– Pour le premier à New York j'ai fini premier.

– Waouh ! Et pour celui de Seattle ?

– Eh bien, c'était curieux, j'avais l'impression de ne pas avoir arrêté de ramer et je l'ai gagné aussi. »

Je me demande comment c'est arrivé ! Bon, nous verrons cela au ciel, mais je crois que le saint patron des athlètes pour l'*endurance* prie avec plus d'efficacité pour les marathons que pour les sprints. Il y a une raison pour les nommer patrons. L'Église sait de quoi leur vie était faite et à quoi ils peuvent nous aider dans le marathon de la Miséricorde.

Connaissez-vous vos saints ? Quels sont ceux qui peuvent nous aider à être efficaces pour recevoir et refléter la Miséricorde dans ce marathon ? Il y en a deux qui vont en mission avec nous partout où nous allons : Thérèse de l'Enfant-Jésus et François Xavier. Ce sont les saints patrons des missions. Vous n'avez peut-être pas leurs reliques, mais vous avez leurs prières si vous les demandez. Je me demande combien de saints passent leur temps à attendre que quelqu'un leur demande de prier.

Les saints du Cœur de Jésus et de Marie doivent être intégrés au marathon. Pouvez-vous en citer quelques-uns ? Que dire de l'apôtre Jean, de Marguerite-Marie Alacoque (c'en est une que mon ordinateur non catholique ne connaît pas) ? Il y a saint Jean Eudes, Claude La Colombière[1], Thérèse d'Avila, Philippe Neri, et plus récemment Maximilien Kolbe, Mère Teresa, Sœur Faustine[2] et son ami Jean-Paul II. S'il vous plaît, priez

1. Claude La Colombière (1641 - Paray-le-Monial, 1682) : prêtre jésuite qui aida efficacement Marguerite-Marie Alacoque à étendre le culte du Sacré Cœur.

2. Sœur Faustine (Hélène Kowalska. 1905-1938) : religieuse chez les Sœurs de Notre-Dame de la Miséricorde, elle reçoit le nom de Marie-Faustine. Humble fille de la campagne, elle a une

pour nous. Oh, excusez-moi, j'ai oublié « Grincheux » : Élisabeth de la Trinité.

Il y a ceux qui prient et ceux qui courent. L'un des coureurs pour l'Évangélisation par la divine Miséricorde au quotidien s'appelle Père Antoine Galant. S'il y avait des récompenses pour le marathon du porte-à-porte, il gagnerait sans doute le premier prix. Laissez-moi vous dire comment je le connais.

Quand nous travaillions en France pour l'évêque de Fréjus-Toulon, nous avons rencontré des centaines de personnes de toutes origines. Danelle a beaucoup de discernement spirituel. Un jour elle m'amena un jeune prêtre, Antoine, pensant que je le trouverais sympathique. Nous avons eu le coup de foudre et depuis nous avons fait ensemble de l'Évangélisation de porte-à-porte en France, au Brésil et aux États-Unis.

En dehors de moi, je n'avais jamais vu personne passer des heures à faire du porte-à-porte pratiquement tous les jours. Chez Antoine, la passion de frapper aux portes pour parler aux gens de Jésus, de Marie et de l'Église est devenue une véritable obsession. Il a ramené dans l'Église beaucoup de moutons égarés.

Nous avons commencé de nous rencontrer presque chaque semaine, une ou deux fois, pour nous stimuler l'un l'autre à organiser et à pratiquer l'Évangélisation. Pendant un temps, il fut comme un disciple pour moi, puis c'est moi qui suis devenu son disciple. En utilisant des tableaux, des cartes, en priant et en allant frapper

---

vie mystique intense et Jésus en fait l'apôtre de sa Miséricorde pour le monde. Dans son message, Jésus lui propose de nouvelles formes d'intercession et de prière pour vivre, annoncer et propager ce message de la Divine Miséricorde, dont la fête du dimanche de la Divine Miséricorde (le dimanche qui suit Pâques – elle sera instituée en 2000 par Jean-Paul II), le chapelet de la Miséricorde et la neuvaine de la Miséricorde. Jean-Paul II l'a proclamée sainte à Rome le 30 avril 2000.

aux portes, nous avons commencé à tester nos plans pour pratiquer la nouvelle Évangélisation par le porte-à-porte dans toutes les plus grandes villes du monde. Dans la troisième ville du monde nous avons calculé comment atteindre tout le monde en un an par le porte-à-porte. Ayez toujours un rêve faisable mais plus grand que vous.

Durant ces dernières années, j'ai pensé quelquefois à cesser d'aller partout pour aider les catholiques à se passionner pour le marathon de l'Évangélisation, mais chaque fois je pense à Antoine, à nos rêves, à nos plans, à notre ministère commun, alors je me lève et je repars. Son jeune cœur pour l'Évangélisation stimule mon vieux corps à poursuivre le marathon. C'est le message de ce chapitre.

Nous avons besoin que d'autres personnes qui, comme nous, se passionnent pour le marathon de l'Évangélisation nous tirent et nous poussent en avant. Les saints nous tirent et nos amis remplis de Miséricorde nous poussent. Nous avons besoin des deux. Nous avons besoin de quelqu'un qui ait moins de passion que nous pour pouvoir déverser la nôtre en lui. Nous avons besoin de plus passionné que nous pour être poussés quand nous avons envie de laisser tomber ou de ralentir.

Nous avons besoin que d'autres personnes qui, comme nous, se passionnent pour le marathon de l'Évangélisation nous tirent et nous poussent en avant.

Encore une fois, il n'y a pas de différence entre aller tous les jours faire du porte-à-porte et aller tous les jours travailler dans une banque. Il vous faut invoquer les saints et vos amis marathoniens pour qu'ils vous aident à être réservoir et lumière de Miséricorde. Si vous ne trouvez personne de ce genre, écrivez à Antoine ou à Danelle et à moi et stimulez-nous. Nous devons continuer à nous entraîner, à ramer et à aider les autres à faire de même. Et ensemble, avec une multitude d'autres marathoniens catholiques autour du monde, nous pourrons remporter la course et donner le prix à Jésus.

L'Évangélisation par la Miséricorde est le seul « sport » où nous pouvons tous prendre la première place. « J'ai combattu le beau combat, j'ai achevé ma course, j'ai gardé la foi. Et maintenant voici qu'est préparée pour moi la couronne de justice, qu'en retour le Seigneur me donnera ce jour-là, lui, le juste juge, et non seulement à moi, mais à tous ceux qui auront attendu avec amour son Apparition » (2 Tm 4, 7-8).

CHAPITRE XVIII

Le joyeux anniversaire de la Miséricorde

Quand nous marchons dans la Miséricorde, Dieu nous envoie vers le cœur qui en a besoin.

Dorothy va avoir dix-sept ans aujourd'hui mais il y a peu d'espoir qu'elle reçoive un cadeau. Il y a peu d'espoir que l'on fasse particulièrement attention à elle. Elle habite dans l'un des quartiers les plus pauvres de la ville, là où les gens qui possèdent des choses dignes d'être données ne viendront jamais. À moins que pour vous la Miséricorde ne soit digne d'être donnée !

Nous visitons les bidonvilles le mardi, alors, prière, louange, et en route ! Tous les vingt nous faisons notre demi-heure de marche et nous coupons par le *no man's land* où la drogue et la mort sont monnaie courante en riant, en parlant et en priant le rosaire. À part la Miséricorde, nous n'emportons rien avec nous. Si nous emportions des cadeaux ou d'autres choses, cela pourrait gêner l'Évangélisation cœur à cœur. De toute façon, nous sommes tous assez pauvres matériellement. Nous avons choisi de vivre ainsi pour mieux recevoir et refléter la Miséricorde. Les sectes viennent avec des cadeaux et des promesses et emmènent les enfants en bus à leurs réunions. Si nous n'avons pas le Cœur de Jésus, nous n'avons rien.

C'est la première semaine de notre nouvelle école

de la Miséricorde, dans le nord du Brésil, c'est donc la première fois que nous mettons les pieds dans le bidonville et nous cherchons un endroit où nous réunir et célébrer la messe un peu plus tard. Il y a un petit restaurant de plein air au centre du bidonville et nous nous arrêtons tous pour saluer les propriétaires. Ils sont aussi heureux de nous rencontrer que nous le sommes de les saluer. Je donne à chacun un *hug* de Miséricorde puisque j'ai la « chance » d'être dans un pays où je ne comprends presque rien. Je dis bien : « J'ai la chance », car faute de langage mon cœur doit se passer de mots pour s'exprimer, n'en utilisant que quelques-uns par-ci, par-là. Nous demandons s'il nous serait possible de nous rassembler ici l'après-midi avec les gens que nous allons rencontrer et de célébrer le Banquet. Comme ils sont heureux de nous accepter avec bienveillance !

Nous nous divisons donc maintenant en petites équipes de Miséricorde de deux ou trois et partons dans des directions différentes le long des sentiers étroits entre les humbles logements. Je suis frappé par la ressemblance avec d'autres pays où nous sommes allés. Je me sens proche du Cœur de Dieu, comme je l'étais dans les mouroirs des prisons et des hôpitaux d'Afrique. Comme toujours lorsque nous allons de porte à porte, de cœur à cœur, il y a un sentiment d'excitation mêlé de crainte, mais en trente-trois ans, nous n'avons jamais fait de mauvaise rencontre et personne ne nous a jamais claqué la porte au nez.

Je frappe à la première porte, sachant parfaitement bien que je ne peux pas communiquer en paroles. Une jeune femme nous ouvre et nous lui disons que nous sommes ici pour apprendre ce qui concerne la Miséricorde. Elle nous fait entrer et nous commençons à livrer nos cœurs. Arrive une vieille maman, et nous nous étreignons. Les meilleurs *hugs* de Miséricorde viennent des moins de trois ans et des plus de soixante-treize. Quelques minutes plus tard entre une autre jeune fille, et nous *ragionamentons*.

« C'est mon anniversaire aujourd'hui.
J'ai dix-sept ans et vous êtes mon cadeau. »

Comme nous nous apprêtons à partir, nous leur demandons si elles désirent que l'on prie, et Dorothy commence à pleurer. « C'est mon anniversaire aujourd'hui. J'ai dix-sept ans et vous êtes mon cadeau. » La seule chose que j'aie à lui offrir matériellement, c'est une petite croix que je porte et qui m'a été donnée par un évêque. Il l'avait retirée de son propre cou pour la passer au mien. Évidemment, je devais la lui donner. Donnez toujours ce que vous avez de meilleur, jamais les restes. Elle est tellement heureuse qu'elle pleure quand nous décidons de dire la messe pour elle l'après-midi.

« Oh, il faut que vous reveniez manger quelque chose pour le déjeuner », dit la mère. Et quel déjeuner ! Le repas du Boomy Hyatt à Surabaya en Indonésie ferait pâle figure à côté. « À tout à l'heure à la messe à trois heures. » Et nous voilà partis pour recevoir encore un peu de Miséricorde.

La fête de la messe dans cet humble cadre fut inoubliable. Beaucoup de gens se sont entassés dans l'espace limité des rues étroites devant le restaurant. Dorothy était là, dans ses plus beaux vêtements, et portait sa nouvelle croix d'anniversaire. Le Père Antoine présidait et il a dit une prière particulière pour elle. Puis il a prié pour tous ceux qui osaient venir se mettre sous ses mains. Nous avons fini l'après-midi par une procession du Saint Sacrement le long de la voie ferrée qui sépare les deux moitiés du Cœur miséricordieux de Dieu que nous appelons bidonville.

Si nous nous mettons en route,
nous sommes conduits vers cette personne
qui attend une visite de Miséricorde.

Une fois de plus nous avons appris que si nous nous mettions en route, nous serions conduits vers cette personne qui attend une visite de Miséricorde. Là, c'était Dorothy. La dernière fois que je l'ai vue, elle portait toujours sa croix. Elle était toujours rayonnante de Miséricorde et pourtant elle venait de perdre son travail. Avez-vous des problèmes ? Allez frapper au cœur de quelqu'un : justement, il attend votre visite.

CHAPITRE XIX

Une âme pour une croix

Quand on en fait cadeau, nos plus grands trésors transforment le cœur de celui qui les reçoit par la puissance du don de Miséricorde.

Il n'y a qu'un adjectif pour décrire une fête du dimanche après-midi dans les montagnes du nord de Bogotá en Colombie : *Magnifico.* Le soleil brille sur les collines vallonnées couvertes d'herbe, de fleurs et de vaches. Les gens se rassemblent joyeusement autour du porc en train de rôtir et des pommes de terre. Presque tous se connaissent puisque c'est une réunion familiale. Les deux personnes un peu différentes sont Laydie, la copine de l'un des jeunes de la famille, et moi.

Je n'étais en Colombie que depuis quelques jours et je testais mes nouveaux mots d'espagnol. J'étais là pour apprendre l'espagnol en six semaines. Quand j'ai utilisé mon premier mot, *Pollo,* tout le monde a cru que je parlais d'un sport qui se joue à cheval avec un maillet et une petite boule blanche ! Notre fils avait appris l'italien en à peine plus d'un mois, alors pourquoi ne pas essayer d'apprendre l'espagnol en six semaines ?

Les jeunes se rassemblèrent autour de moi et testèrent leur anglais sur moi, tandis que je testais mon espagnol sur eux. *Enchilada* et *taco* sont deux mots qui ne marchent pas non plus en Colombie, ils viennent de Mexico. Chacun se présentait et j'étais impressionné par leur hospitalité et leur gentillesse envers moi qui étais étranger. Ils se demandaient pourquoi il n'y avait pas plus d'Américains qui venaient en Colombie. Je leur répondis qu'ils n'étaient pas correctement informés sur ce pays et sur ses habitants.

La nourriture arriva. Nous prenions plaisir à tremper le porc grillé ruisselant de graisse dans la *salsa* chaude tout en mangeant et en discutant. (Excusez-moi si vous n'aimez pas le porc. Vous pouvez remplacer le mot « porc » par *nachos* ou autre chose si vous aimez mieux ça.) Je remarquai une fille plutôt timide. Elle s'appelait Laydie et me dit qu'elle étudiait la psychologie dans une université de Bogotá. Quand elle découvrit que l'un de nos livres présentait nos théories sur la psychologie du cœur, elle s'ouvrit et sourit comme le soleil rougeoyant tout autour de cette résidence de montagne.

Après environ deux heures d'amitié, l'une des filles de la famille, Luisa Maria, s'approcha de moi pour me dire au revoir. L'idée m'a sauté au cœur de lui donner mon anneau de prière (dizainier). J'en fabrique, c'est un de mes passe-temps. Celui-ci m'avait déjà servi à dire quelques milliers de *Je vous salue Marie* et il était temps de le passer à quelqu'un. Il n'avait aucune valeur, mais elle fut pourtant ravie et me remercia avec effusion. Je levai les yeux et là, je vis Laydie, ses grands yeux bruns participant à l'échange.

Ma première pensée fut de lui donner ma croix. « Mais non, ce n'est pas une bonne idée », ai-je pensé aussitôt. Cette croix m'a coûté cher et Danelle m'a aidé à la choisir à la boutique du Crédit municipal de Gainesville. Elle est en or et les deux médailles de Marie qui l'encadrent sont en or elles aussi. Je portais cette croix depuis que nous l'avions achetée, il y avait un an et demi de cela. La chaîne était courte pour que tout le monde voie bien le Christ crucifié et sa mère à mon cou. Pour plaisanter, je disais que la Vierge de la médaille miraculeuse et la Vierge de Guadalupe se seraient battues si je n'avais pas mis le Christ crucifié entre elles.

Je peux dire honnêtement que je n'ai absolument jamais vu une personne aussi heureuse de recevoir un cadeau d'ordre matériel.

Avant que mon cœur n'ait eu le temps de changer d'avis, je décrochai la chaîne et, tout en expliquant la valeur qu'elle avait pour moi, je la passai au cou de Laydie. Je ne sais pas comment décrire ce qui se passa ensuite. Il fallait être du côté de celui qui reçoit les remerciements pour en ressentir tout l'effet. Je peux dire honnêtement que je n'ai absolument jamais vu une personne aussi heureuse de recevoir un cadeau d'ordre matériel. Elle me serra dans ses bras à me briser, puis elle me lâcha ; elle était folle de joie, sautait, riait, criait : « *Gracias, gracias, gracias.* » Puis elle me reprit et m'étreignit à nouveau pendant un long moment et elle recommença tout le scénario.

Cela a duré à peu près dix minutes. Sa gratitude exubérante dépassait tout ce que j'avais pu expérimenter. Ce n'était pas qu'elle était pauvre : elle ne l'était pas. Ce n'était pas qu'elle manquait d'affection ; son copain l'aimait visiblement beaucoup. Qu'est-ce qui avait pu causer une telle réaction ?

J'ai pensé à un film que certains ont pu aimer, d'autres non (c'est comme pour le porc), *La liste de Schindler* (mon ordinateur essaie de corriger Schindler en « *swindler* », ce qui veut dire escroc en anglais). À la fin de ce film qui raconte une histoire vraie, Schindler essaie de trouver une façon de payer pour sauver une vie de plus de l'extermination. Il ne lui reste plus qu'une bague de valeur au doigt, il la retire et rachète une personne de plus. Je me souviens de la peine qui se lisait dans ses yeux quand il a réalisé qu'il n'avait plus rien à donner. Il avait donné tout ce qu'il possédait au monde.

J'ai pensé à ce que Danelle allait dire quand elle découvrirait que j'avais donné la croix que nous avions achetée ensemble avec notre argent missionnaire durement « gagné ». Et puis je sus qu'elle ne serait pas trop contrariée parce que lors de ce don Laydie s'était rapprochée du Christ et de sa mère. Depuis j'ai eu le sentiment profond et la certitude que Laydie suivrait toujours Jésus et aimerait toujours sa mère. Si nous l'y avons aidée, cela vaut bien notre trésor.

Ce qui rend le don de Miséricorde efficace, c'est en partie que cela coûte quelque chose à notre cœur. De même que pour l'obole de la veuve, c'est le sacrifice qui compte. J'aimerais avoir cette obole comme relique de la veuve, mais à y bien penser j'aimerais peut-être tellement cette relique qu'il me faudrait en faire cadeau.

C'est peut-être cela l'essentiel ! Nous recevons des choses et nous les apprécions comme des cadeaux merveilleux du Seigneur. Pourquoi nous les donne-t-il pour nous demander de les donner ou nous pousser à le faire ? Cela fait mal de donner le peu que nous avons, mais c'est cela, l'Évangélisation par la Miséricorde. Nous avons du mal à donner les premiers dix pour cent. Imaginez que vous donniez les derniers dix pour cent et que vous n'ayez plus rien pour vivre que le Cœur miséricordieux de Jésus.

Peut-être que je ne devrais pas faire cadeau de ce qui m'a été donné par amour ! Je ne sais pas pourquoi je le fais. Quand on me dit : « Où est passée telle chose... que je t'ai donnée l'an dernier ? » et qu'il me faut baisser la tête et admettre que je l'ai donnée, tout le monde se sent mal. Tout le monde, sauf la personne qui a reçu la chose en question... La raison de donner ce qui a tant de valeur pour nous, c'est justement que cela a tant de valeur pour nous ! Pourquoi donnons-nous nos vies à

Jésus, Marie et l'Église ? Parce que nos vies ont de la valeur à nos yeux et que nous désirons donner à Dieu ce que nous avons de meilleur.

Si nous donnons ce qui nous tient à cœur,
nous libérerons la Miséricorde pour un cœur
indigent en recherche.

Comme c'est fascinant de pouvoir donner des choses matérielles et d'attirer ainsi des âmes plus près de Dieu ! La clef de ce mystère semble se trouver dans la valeur que notre cœur donne aux choses. Si nous donnons ce qui nous tient à cœur, nous libérerons la Miséricorde pour un cœur indigent en recherche comme celui de Laydie.

La plupart des gens pensent que si vous aimez quelqu'un, vous garderez ce qu'il vous donne. Hum ! Imaginez quelqu'un dont la maison est remplie de trésors qui se transmettent de génération en génération dans la famille. Cette personne aime ces objets parce qu'ils appartenaient à quelqu'un qu'elle aimait beaucoup. Elle les aime avec son cœur. Tout cela est bon. Ces objets vont-ils se détériorer un jour ? Va-t-on s'en débarrasser pour les vendre après son décès ? Je n'en sais rien.

Ce que je sais, c'est que j'avais une croix et deux médailles sur une chaîne en or. Elles avaient beaucoup d'importance pour moi à cause de celle qui m'avait aidé à les acheter, celle pour qui je donnerais avec enthousiasme ma vie et ma mort. Je sais aussi que la chaîne, la croix et les médailles appartenaient à mon cœur ; aussi, quand celui-ci m'a gentiment poussé à les donner, je n'ai hésité qu'un instant avant d'obéir.

Le jour où j'ai fait cadeau d'une partie de mon cœur, je n'ai saigné que le temps de mettre la chaîne au cou de Laydie. J'aurai oublié la chaîne et la peine bien avant d'avoir oublié le regard de cette fille et la façon dont son cœur a réagi. Elle ne sera jamais la même et moi non plus. Et c'est arrivé en faisant un cadeau d'ordre matériel à un cœur en recherche. Voici un sujet pour ma prochaine méditation.

Et si vous vouliez offrir à quelqu'un un objet qui vous tient à cœur tout en ne voulant pas que cette personne le donne ? Eh bien, parfois on nous fait un cadeau commun à Danelle et à moi. Comme cela, nous ne pouvons le donner ni l'un ni l'autre puisqu'il appartient aux deux. Nous avons ainsi plusieurs objets en commun : les reliques, le vieux chapelet de deux mètres de long qui a cent cinquante ans, et notre icône de la visite de Jésus à sa mère lors de la Résurrection. Avant de les donner, nous devons le décider ensemble, comme le Père et Marie quand ils ont donné leur Cadeau commun sur la Croix !

Ce cadeau était tout ce qu'il y a de plus puissant pour exhaler la divine Miséricorde. Le Père et Marie firent le don de leur Fils unique. Ils offrirent Jésus ensemble, Marie donnant son consentement au don que faisait le Père. Et ils en recueillent encore les fruits.

Jésus est le plus grand cadeau du cœur que nous ayons jamais reçu de Marie et du Père. Si nous le gardons pour nous sous prétexte de rendre grâce, alors l'essentiel de ce qui fait la valeur d'un cadeau du cœur nous a échappé. Si nous donnons Jésus chaque fois que nous le pouvons, quelle que soit la façon dont notre cœur nous y incite, alors ce cadeau offert en sacrifice du fond du cœur portera beaucoup de fruit.

CHAPITRE XX

L'art de la Miséricorde

L'art permet d'exprimer le Cœur miséricordieux de Dieu.

Marilia est une belle jeune fille qui nous a enseigné l'art de la Miséricorde. En allant de porte à porte, deux de nos élèves ont rencontré une famille formidable qui m'a invité à venir recevoir un peu de Miséricorde un après-midi. Après un moment de *ragionamento*, nous sommes passés à table pour prendre des gâteaux et des boissons. Tout en dégustant le délicieux gâteau, je demandai à Marilia, l'une des filles, ce qu'elle étudiait à l'école. Elle me répondit qu'elle apprenait à dessiner des vêtements.

« Oh ! dis-je comme un mouton étonné dans les bras de la Miséricorde, puis-je voir quelques-uns de tes dessins, s'il te plaît ? » Elle revint un moment plus tard, chargée d'un grand album plein de dessins. Elle le portait comme un trésor de grande valeur, ce qu'il était d'ailleurs. Pendant que je tournais très lentement les pages, elle était penchée sur moi pour voir mes réactions. Je me rendis compte que c'était un grand honneur pour un étranger comme moi d'être autorisé à scruter son cœur.

Le cœur s'exprime dans certaines formes d'art. Les dessins au crayon étaient si beaux que j'avais du mal à en croire mes yeux. Sa signature elle-même se coulait dans les plis droits ou souples des robes, des chemisiers et des autres créations vraiment extraordinaires de son cœur. Quand je lui fis part de ce que mon cœur ressentait à la vue de ce travail d'art, elle fut remplie d'une joie exubérante. Je ne saurais dire combien j'ai été touché par son art. Mon cœur en fut touché, le sien aussi.

Cet après-midi-là, le sujet de notre *ragionamento* fut le suivant : comment, si on donne sa place à Jésus dans l'art, ce dernier devient une révélation du cœur[1]. Nous possédons tous en nous un don artistique et quand nous le laissons s'exprimer, les gens voient le Cœur de Jésus. Excusez-nous de nous répéter : Nous possédons *tous* en nous un don artistique et quand nous le laissons s'exprimer, il révèle le Cœur de Jésus. Voici la question du *ragionamento* : « Quel est votre don artistique, je vous le demande, quel est votre don ? » En le laissant s'exprimer, on élève Jésus pour que le monde le voie.

Nous possédons tous en nous un don artistique
et quand nous le laissons s'exprimer,
il révèle le Cœur de Jésus.

La beauté d'une œuvre d'art nous révèle Dieu lui-même, le créateur de l'art. Imaginez une civilisation réprimant toute expression artistique ou la reléguant à une place inférieure à celle de l'intelligence pure, du pouvoir politique ou du travail manuel. Quand le Cœur miséricordieux de Dieu est relégué à la deuxième place, l'intelligence, qui n'est pas soumise au cœur de Dieu, peut facilement devenir dure, cruelle, critique.

Quel est votre don artistique ? Il y a presque autant d'arts différents qu'il y a de facettes à l'imagination

1. Il y a dans le texte anglais un jeu de mots intraduisible : « He + art = Heart ». (N.d.T.)

créative de Dieu en nous. Certains élèves nous ont fait bénéficier de leurs dons artistiques : danse, dessin, poésie, écriture, service, sourire, cuisine, etc. Quand je leur ai demandé quel était mon don artistique, ils ont tous crié en riant de bon cœur : *ragionamento*.

J'ai revu Marilia il y a peu : elle venait me serrer dans ses bras après la messe. L'éclat de ses yeux prouvait que l'art était le lien qui unissait nos cœurs. Danelle est allée, elle aussi, voir ses dessins et en recevoir de la Miséricorde. Vous pouvez venir avec nous la prochaine fois, mais apportez votre don avec vous. Imaginez que nous n'ayons pas fait du porte-à-porte, nous aurions manqué le cœur de Marilia.

Dans l'Évangélisation par la Miséricorde, nous nous sentons libres d'être nous-mêmes du point de vue artistique. Cela confirme ce que tous les cœurs savent sur l'art. Il est la meilleure expression de l'amour. On peut dire « mon amour » ou « mon cœur ». Si notre cœur reflète notre don artistique, les autres reçoivent l'œuvre de notre cœur. Alors ils se sentent libres de révéler leur cœur à travers l'art.

Il y a deux raisons qui font de chaque homme un artiste. La première, c'est que nous avons été créés à l'image de Dieu, et si Dieu n'est pas un artiste, alors qu'est-ce qu'Il est ? Regardez autour de vous les fleurs, les arbres, les poissons, les nuages, votre main, la fourmi qui grimpe le long du mur. Dieu est artiste. Croire en Dieu, c'est croire que nous sommes artistes.

La deuxième raison n'est peut-être que la première exprimée autrement. Tout le monde est artiste parce que tout le monde a un cœur. Si vous avez un cœur, vous êtes artiste. Ceux qui vous disent que vous ne l'êtes pas sont ceux qui croient que le cœur est mauvais lui aussi. Écoutez votre cœur. Il vous dira quel est votre don ou vos dons artistiques.

La plupart des gens expriment ce qu'ils ont dans le

cœur sous plusieurs formes artistiques. Récemment, Danelle a joué du violon à la messe et tout le monde a aimé, particulièrement Jésus et Marie. Je ne vous parlerai pas de ses autres dons artistiques car elle n'apprécie pas toujours que je dévoile tout son cœur. Elle aime jouer du violon, c'est bon signe. L'art qui vient du cœur donne la plénitude à celui qui le reflète comme à ceux qui le reçoivent. Quels sont vos dons artistiques ? Interrogez votre cœur. Interrogez vos amis. Parfois on manifeste un don et tout le monde le sait sauf l'intéressé.

Autrefois, je croyais que toute notre vocation se résumait à organiser des sessions d'expression artistique. C'est dans ce but que nous avions acheté un bâtiment au centre de la France. Un espace d'environ 600 m^2 où nos cœurs puissent s'exprimer. Nous avons posé à peu près 460 m^2 de plancher en bois d'érable, et au milieu de la piste de danse un tapis de caoutchouc de deux centimètres et demi d'épaisseur pesant 5 tonnes. Ce tapis faisait 110 m^2 et il nous a fallu un tracteur et beaucoup de sueur pour le mettre en place dans l'espace qui lui était réservé, après la pose du plancher. Aux fenêtres, deux cents carreaux étaient garnis de jolis rideaux et nous avions posé sur les murs 200 m de moquette bleue et mauve. Des bannières et d'autres choses étaient tendues majestueusement un peu partout et face à ce tapis artistique se dressait une croix de 4 m de haut. Elle était faite dans un morceau de bois de 50 cm d'épaisseur et naturellement l'artiste y avait gravé le visage d'un lion et celui d'un agneau. Nous avions aussi une pièce de prière indépendante qui ne faisait que 55 m^2. Tout ceci pourra vous paraître relativement petit tant que vous n'aurez pas réalisé qu'à l'origine, nous avons remanié le bâtiment pour pouvoir y danser tous les six en famille.

L'art a tant d'importance pour nous que nous sommes allés jusqu'à faire tout ce que nous venons de décrire juste pour exprimer des dons artistiques. Notre bâtiment a été rempli un jour de toutes sortes d'artistes : des ballerines, des sculpteurs, et des gens portant de belles bannières. Nous y avons célébré la messe le 11 février pour la fête de Notre-Dame de Lourdes, parce que c'était l'endroit le plus spacieux de la ville. J'y allais, juste pour mettre ma musique, danser et tournoyer au milieu du plancher. Nous y avons dansé ensemble en famille. À cette époque je disais aux gens que le bâtiment ressemblait à l'intérieur de mon cœur. C'était avant que Marie ne vienne ajouter la plénitude à nos dons artistiques et à nos cœurs.

L'art a vraiment de l'importance dans une vie conduite par la Miséricorde. Quand nous faisons du porte-à-porte, nous sommes toujours bénis par les œuvres d'art des personnes que nous rencontrons. C'est la façon dont une pauvre femme décore la cabane où elle vit et la nettoie soigneusement tous les jours même si le sol est en terre. C'est la façon dont un père tient la main de son fils pour l'accompagner à l'école. C'est une fille avec un nœud et des boucles d'oreilles, un garçon qui saute d'un mur ou qui pousse la voiture qu'il a faite avec des morceaux de fil de fer. Ce sont les broderies sur la chasuble du prêtre. Toutes les formes d'art que l'on trouve dans les petites choses de la vie des gens sont révélatrices de leurs cœurs. Nous pouvons recevoir la Miséricorde de Jésus et de Marie en observant attentivement la façon dont le cœur des gens s'exprime par l'art.

Toutes mes excuses pour ne pas avoir mis de majuscule au mot « art ». J'aurais dû le faire parce que c'est une des voies royales par lesquelles Dieu exprime sa Miséricorde envers le monde. Quel que soit votre don artistique, il n'appartient pas qu'à vous. Dieu vous aide à exprimer ce qu'Il a dans le Cœur. Quand vous le faites librement et joyeusement, le monde reçoit la Miséricorde à travers vous.

L'Art qui vient du Cœur de Jésus et s'exprime en nous est élévation de sa Présence devant les autres. L'Art vous a souvent permis de faire l'expérience de la présence de Dieu. Ce n'est pas seulement un sentiment humain. C'est la preuve que le Cœur de Dieu est en nous.

Dans tout l'univers, la plus belle expression de la Beauté, c'est la messe. Plus vous « devenez » le Cœur de Jésus, plus vous aimez la messe. Ceci est dû en partie au fait que, du début à la fin, la messe est l'expression de l'Art du Cœur de Dieu. Plus vous « devenez » son Cœur, plus vous aimez son Art.

Tout l'Art de la messe est tissé de Miséricorde. Dans les prières, les paroles, les couleurs, et dans le Sang et le Corps brisé sur la croix, il y a la Miséricorde. Le chef-d'œuvre de Dieu et de la messe, c'est la Miséricorde. Celle-ci se révèle pleinement quand nous partageons son Corps et son Sang et qu'Il nous sculpte en son propre Corps. Le chef-d'œuvre de Dieu, c'est l'image du Cœur miséricordieux de son Fils s'exprimant au travers de nos vies crucifiées.

Le chef-d'œuvre de Dieu, c'est l'image
du Cœur miséricordieux de son Fils s'exprimant
au travers de nos vies crucifiées.

CHAPITRE XXI

Le cœur déraisonnable

Le cœur ne comprend que la proximité et l'attention physiques.

Nous étions en train de dîner et de nous entretenir des expériences de la journée quand Élisabeth, l'une des élèves, reçut un coup de téléphone. On l'appelait pour un problème qui devait être résolu sur-le-champ. Elle revint un moment plus tard et s'excusa en expliquant pourquoi il fallait qu'elle réponde. Un peu plus tard dans la soirée, je me suis rendu compte que mon cœur avait un problème avec elle mais je n'arrivais pas à comprendre pourquoi.

Une autre fois, j'ai dû manquer l'anniversaire de Danelle car nous nous étions mis d'accord tous les deux pour que j'aille aider dans une école d'Évangélisation par la Miséricorde en Amérique du Sud. C'était logique et nécessaire que je parte, et nous en étions même convenus ensemble. Quand je suis revenu, le cœur de Danelle était blessé parce que j'étais absent pour son anniversaire. Pourquoi ?

Le cœur ne comprend pas, il a mal quand les promesses du cœur sont rompues et que le bien-aimé est éloigné physiquement. On ne peut pas raisonner avec le cœur. Il fallait qu'Élisabeth soit à table avec nous. Elle s'est levée et nous a quittés, et mon cœur a eu mal. Ça ne se raisonne pas. Le cœur n'est pas logique. Il ne comprend que la proximité physique et le fait de tenir des promesses.

Nous ne parlons pas ici de l'époque où nous disions une chose et en faisions une autre. Dans ces cas-là, cela « aurait du sens » d'être troublé. Nous parlons de faire quelque chose qui nous sépare physiquement, pour une raison ou pour une autre, de celui ou de celle à qui nous avons promis d'être en lien. Même s'il survient un événement qui « justifie » un changement dans notre relation de proximité en temps voulu, le cœur sera blessé.

Le cœur souffre et la Miséricorde de Dieu doit se répandre dans cette souffrance pour transformer le cœur blessé en cœur blessé par la Miséricorde.

Avec la blessure survient une scission dans la relation jusqu'au moment où la Miséricorde s'épanche du cœur de celui qui est « offensé ». Le cœur ne pardonne pas dans le sens traditionnel du terme. Le cœur souffre et la Miséricorde de Dieu doit se répandre dans cette souffrance pour transformer ce cœur blessé en cœur blessé par la Miséricorde.

Le cœur et la tête vivent dans deux mondes différents. Le cœur ne raisonne pas. La tête est logique. Le cœur ne pardonne que parce qu'il est submergé par la Miséricorde. Dans notre tête, on peut se raisonner et pardonner. Le cœur n'acceptera aucune raison due aux circonstances alors que la tête peut les comprendre.

Une mère meurt à la naissance de son enfant. Le cœur de l'enfant ne l'acceptera pas, même si ce n'est pas de la faute de sa mère. Au contraire, la mère est morte en accouchant, et l'enfant devrait comprendre. Seul le contact de la Miséricorde divine peut transformer la blessure. Une mère est séparée de son enfant, tuée dans un accident dont elle n'est absolument pas responsable. Le cœur de l'enfant ne l'accepte pas. Quand l'enfant entre dans l'âge adulte, on peut le raisonner, mais la blessure est toujours là, à cause de la séparation. Seule la Miséricorde peut guérir le cœur de l'adulte. Il se peut qu'il ait besoin de pardonner à sa mère d'être morte, mais c'est seulement parce que la Miséricorde remplit le vide laissé par la séparation que la blessure peut se transformer. Notre cœur ressemble tout à fait au Cœur de Jésus. Il comprend le péché et la séparation qui se produit, mais son Cœur est blessé et Il souffre de cette séparation. La proximité physique protège le cœur, c'est pourquoi nous passons du temps face à face avec Jésus dans le Saint Sacrement. C'est un cœur à cœur avec lui pour nous empêcher d'avoir mal, pour l'empêcher d'avoir mal. C'est pourquoi nous « mangeons » Jésus à la messe, pour l'avoir dans notre cœur et ainsi ne pas être accablés par la blessure de la séparation. Nous étions conçus pour être si proches les uns des autres et si proches de Dieu qu'aucune blessure ne puisse venir se mettre entre nous. Toute séparation est cause de blessure, même si par ailleurs elle peut se justifier intellectuellement.

Le cœur ne comprend que la Miséricorde.
La tête, elle, est très raisonnable.

Le cœur ne comprend que la Miséricorde ; la tête, elle, est très raisonnable. J'en veux pour exemple ma réaction devant un magnifique tableau d'un peintre hollandais protestant réformé. C'est l'un des plus grands artistes de son temps et j'en conviens mais, dès la première fois où j'ai vu la peinture en question, je n'ai cessé de dire à Danelle : « Ce tableau est tellement beau ! Mais quand je le regarde, mon cœur est troublé et je ne sais pas pourquoi. » Vous pouvez aimer le tableau et l'artiste, je respecte votre opinion, mais mon cœur n'est pas d'accord avec la théologie qu'il véhicule.

Il s'agit du *Fils prodigue*, et l'artiste, bien sûr, c'est Rembrandt Harmenszoon Van Rijn.

Si par hasard vous ne l'aviez pas vue, voici un bref commentaire de cette scène magnifiquement peinte. Le père a reçu son fils à son retour et ce dernier, à genoux, en haillons, nous tourne le dos. Le frère aîné regarde d'un air sévère tandis que d'autres personnages, dans l'ombre à l'arrière-plan, observent la scène. Le père a une main d'homme et une main de femme fermement posées sur le dos du fils. C'est vraiment très bien fait. Ce tableau nous donne l'interprétation que fait l'artiste de l'évangile de Luc au chapitre 15 : l'histoire de l'enfant prodigue. J'ai sûrement médité ce passage plus que toute autre histoire de l'Évangile.

Cela faisait déjà quelques années que la représentation de cette scène me troublait, aussi ai-je décidé de faire deux choses. Premièrement, j'ai relu le passage de la Bible en le comparant avec le tableau et avec mon cœur. Deuxièmement, j'ai décidé d'étudier la vie de l'artiste. La lecture du texte biblique a confirmé ce que savait mon cœur déraisonnable, comme le fit l'étude de la vie de l'artiste et du contexte culturel dans lequel il évoluait. Encore une fois, ce n'est pas une critique de l'artiste ni de son génie pour la peinture. C'est une tentative d'explication de ce cœur inexplicable et de sa façon de discerner la vérité, qui parfois contredit l'esprit logique.

L'un des premiers articles que j'ai lus sur Rembrandt avait pour titre « Rembrandt Van Rijn, artiste protestant ». Il vécut de 1606 à 1669 à une époque où la théologie de la Réforme calviniste avait pris racine dans toute l'Europe et particulièrement en Hollande. Sa contrepartie catholique, le jansénisme, tirait son nom de celui d'un Hollandais. Mon cœur a des problèmes avec quelques peintures catholiques de la même période, bien que protestants et catholiques aient toujours peint conformément à l'enseignement de la foi qu'ils avaient reçu. Rembrandt aimait la Bible protestante et était proche des mennonites dont la théologie est semblable à celle des baptistes.

On ne peut ni gagner ni perdre la Miséricorde.
Si c'était possible, ce ne serait plus la Miséricorde.

Les théologies catholique et protestante reconnaissent toutes deux les points suivants : le Père est un Dieu qui pardonne *si* l'homme se repent, et Dieu est à la fois père et mère. Cependant la théologie protestante déduit de ces deux points des conséquences erronées. La conséquence du premier point est une mauvaise compréhension de la Miséricorde, celle du second est une incompréhension de Marie. La Miséricorde ne peut se gagner, même par la repentance. En fait, on ne peut ni gagner ni perdre la Miséricorde. Si on le pouvait, ce ne serait plus la Miséricorde. (Voir *À la recherche du Jardin perdu*, au chapitre sur la miséricorde divine.) Une mauvaise compréhension de la nature fondamentale de Dieu conduit à penser qu'il n'y a pas de place pour Marie dans le plan divin de la Rédemption, d'où ces deux mains, masculine et féminine, dans le tableau. Je suppose que vous savez déjà ce que nous pensons des essais de rédemption de l'homme sans la Mère.

On ne comprend la Miséricorde et Marie que dans le catholicisme. Nous ne sommes pas en train d'essayer de vous faire changer d'avis sur ce tableau, mais d'essayer de vous faire changer d'avis sur Dieu. Il est Miséricorde. S'il y a une différence sur un mot entre catholiques et protestants c'est, vous l'avez deviné, sur notre conception de la Miséricorde. C'est une expérience pénible pour Danelle et pour moi de rencontrer un prêtre ou un théologien catholique qui pense comme un protestant. Penser comme un protestant, c'est faire dépendre la Miséricorde de certaines conditions et rendre Marie inutile. Le fait que Dieu le Père soit miséricordieux et le fait que Marie soit notre mère sont deux fondements de la théologie catholique de la Miséricorde.

Si on lit attentivement la description faite dans la Bible, c'est l'incroyable compassion du père qui nous est révélée. Sa Miséricorde transparaît à l'égard de ses deux fils. Comme Danelle l'a remarqué, on ne nous dit jamais ni si le plus âgé, ni si le plus jeune a changé de façon définitive. On ne gagne pas l'approbation du Père par sa bonne conduite ; c'est la mort de Jésus sur la Croix qui obtient cela. Nous n'allons pas nous mettre à plat ventre et ramper en nous repentant quand nous rencontrerons le Père.

Le Père court vers nous les bras grands ouverts comme nous l'avons vu dans le film dont il est question au chapitre « Le *hug* de Miséricorde » (Lc 15, 20). Il est impatient de nous soulever et de nous tenir comme la brebis sur la peinture de Miséricorde de la couverture. Notre cœur le sait très bien. Il nous faut seulement convaincre notre intelligence. Les raisonnements du cœur ne sont raisonnables que pour le cœur. Nos cœurs aiment la peinture toute simple de la couverture de ce livre, comme si elle était l'œuvre d'un grand maître.

Nos cœurs aiment la peinture toute simple de la couverture de ce livre, comme si elle était l'œuvre d'un grand maître.

CHAPITRE XXII

La chevelure du cœur

Où puisez-vous votre force pour évangéliser ?

Samson était-il grand, gros et fort ? Le texte du livre des Juges au chapitre 16 ne le dit pas. Il dit qu'il a accompli quelques démonstrations de force extraordinaires comme de tuer un millier d'ennemis avec une mâchoire d'âne. Ça devait déjà être une belle bête ! Il y a toutes chances que Samson ait été un homme de taille normale, sans gros biceps comme les miens ! Il avait belle allure, mais être beau gosse n'a jamais donné la force de tuer mille ennemis. Comment un homme normal, ou, dans l'affaire en question, un homme très fort, pourrait-il avoir une force qui ne soit pas naturelle ?

La réponse : évidemment, Samson avait une force surnaturelle. Quelle en était la source ? Le Saint-Esprit. Qu'est-ce qui lui garantissait l'usage de cette force ? Garder les cheveux longs, selon les exigences de sa consécration au Seigneur. Pas de cheveux, pas de force, comme nous le voyons après qu'il eut été trompé par la belle, sensuelle, irrésistible Dalila.

Un soir, à l'école de Miséricorde, nous avons décidé de *ragionamenter* sur la place de la basilique. Je parie que vous ne saviez pas qu'il existait un verbe *ragionamenter*, eh bien voilà qui est fait. Pour les réchauffer, j'ai mis au défi les garçons de faire plus de tractions que moi à la barre fixe. Je suis vieux et ils sont jeunes, alors ils se sont mis à rire et à gonfler leurs biceps. Ils savaient qu'ils pouvaient facilement battre un type comme moi, vieux, voûté et décrépit. Les uns après les autres ils se sont agrippés à la barre et ont tiré jusqu'à l'épuisement. J'ai failli y laisser ma peau, mais j'ai fait une traction de plus que le plus fort de tous qui, comme par hasard, s'appelait Jonas. Les filles étaient aux anges, et le vieux bonhomme aussi !

Quelques jours plus tard, sur une autre place de la ville, je les ai défiés pour le match retour en sachant bien qu'ils ne voudraient à aucun prix me laisser gagner. Comme je le pensais, Jonas me battit. Voilà la question de *ragionamento* du lendemain : « Jonas, quel est le secret de ta force ? » On avait demandé à Samson : « Quel est le secret de ta force ? Comment peut-on faire pour te lier et te réduire à l'impuissance ? »

L'Évangélisation du XXIe siècle se caractérisera par la Miséricorde, comme celle du XXe fut souvent caractérisée par la Puissance.

Jonas a répondu de bonne grâce et à partir de cet exemple nous avons eu une heure de conversation spirituelle sur la puissance qui est à la base de l'Évangélisation du XXIe siècle. Jean-Paul II disait avec sagesse que l'homme et la femme du XXIe siècle seraient évangélisés par la Miséricorde. L'Évangélisation du XXIe siècle se caractérisera par la Miséricorde comme celle du XXe fut souvent caractérisée par la Puissance. Miséricorde divine, Puissance divine.

Nous avons rencontré pour la première fois le Christ ressuscité en 1972 pendant le Renouveau pentecôtiste et charismatique qui a touché toutes les dénominations. Le mot le plus employé pour expliquer ce que le Saint-Esprit était en train de faire était le mot « puissance », la Puissance du Saint-Esprit. Des personnes étaient guéries de maladies physiques comme le fut Danelle, et des millions de gens rejoignirent massivement le christianisme. La puissance était impressionnante, et elle l'est toujours. Il n'y aura jamais de vraies conversions sans l'action du Saint-Esprit. L'homme se livre au Christ, mais Dieu accomplit le travail de régénération par le Saint-Esprit.

Ceci étant dit, c'est à partir des paroles de prophètes comme Jean-Paul II que ce siècle nouveau est en train d'accoucher de sa nouvelle méthode d'Évangélisation pour *aujourd'hui*. Cette méthode, c'est l'Évangélisation par la Miséricorde. De même que la source de la puissance pour l'Évangélisation de guérison du siècle dernier venait d'une expérience pentecostale du Saint-Esprit, la source de l'Évangélisation par la Miséricorde qui transforme chacun viendra des fleuves de Miséricorde qui jaillissent du Cœur transpercé de Jésus.

Symboliquement, la chevelure du cœur, c'est la Miséricorde. Amputez l'Évangélisation de la Miséricorde, et il n'y aura pas beaucoup de conversions durant ce siècle. Débarrassez-vous de la Miséricorde, et nous serons aussi chauves que Samson. La Miséricorde qui guérit se répand à partir du Cœur de Jésus qui est en nous le secret de notre Évangélisation. Cette Miséricorde qui guérit et qui sort de nous pour atteindre, autour de nous, les blessures les plus profondes de l'humanité, est vraiment surnaturelle. Une prédication puissante et la prière pour les malades peuvent guérir les corps, mais c'est seulement par un contact avec la Miséricorde jaillissant du Cœur transpercé de Jésus que l'on peut transformer les profondes blessures de chacun d'entre nous.

Quel casse-tête pour moi quand j'étais pasteur charismatique : prêcher avec puissance et voir des guérisons, et pourtant, *n'être pas* encore guéri de ma profonde blessure personnelle. J'ai rencontré ensuite au

Calvaire Christ crucifié et sa mère, Miséricorde incarnée. Et le fleuve d'amertume de ma blessure s'est transformé en fleuve d'eaux vives de la Miséricorde pour la guérison des autres.

La structure de la vie des jeunes d'aujourd'hui est plus fragile qu'il y a cinquante ans parce que la structure de la famille est aussi plus fragile.

L'homme du XXIe siècle est si malade que la guérison de son corps ne le libérera que partiellement des liens de la peur, du rejet et de la solitude. La structure de la vie des jeunes d'aujourd'hui est plus fragile qu'il y a cinquante ans parce que la structure de la famille est aussi plus fragile. Le père est souvent inexistant, et la mère est meurtrie et désorientée. Il faut un remède miracle.

Comme toujours, Dieu par son Église a distillé juste au bon moment la potion préventive et curative, la Miséricorde. Sans elle, nous sommes des proies faciles pour les amis de Dalila, les Philistins, qui nous lient, nous aveuglent et nous tournent en ridicule. Quels sont les Philistins de ce siècle qui tentent de nous lier ? Cinq me viennent au cœur.

Prenez garde aux Philistins :

1. Un christianisme superficiel. Garder notre spiritualité en surface, où c'est plus facile. « Faire du ski nautique » dans des réunions de guérisons spectaculaires plutôt que de plonger « en eau profonde » dans la Tradition qui nourrit les besoins les plus profonds de notre âme ;

2. Se servir du nom de Jésus au lieu de tout recevoir de la personne du Christ crucifié ;

3. Acheter l'approbation de Dieu en donnant des choses plutôt que de se livrer totalement soi-même pour servir les autres ;

4. « Ma voie » plutôt que « Ta voie » : créer une

Église plutôt que de s'insérer à sa place dans l'Église catholique, instrument de la Miséricorde de Dieu en ce monde ;

5. Le plaisir d'abord, la douleur en dernier : se sentir bien dans sa foi plutôt que de porter les souffrances des autres avec eux.

L'antidote : une vie conduite par la Miséricorde. C'est du Cœur transpercé de Jésus qui vit en nous que se répand la Miséricorde, tous les dons et tous les ministères puissants doivent donc lui être soumis. Vous avez été rasés ? Vous vous rendez compte maintenant que vous êtes liés et aveugles ? Soyez patients, vos cheveux repousseront… à partir de votre cœur, je l'espère.

CHAPITRE XXIII

La Miséricorde : l'atout de Dieu

La Miséricorde est l'atout de Dieu face aux égarements de la liberté humaine.

Dieu nous aime tant qu'Il garde un atout en main au cas où nous ferions un mauvais usage de notre libre arbitre. Un atout est une carte qui l'emporte sur n'importe quelle autre. C'est un moyen de triompher, l'expédient de la victoire. L'un de nos prêtres à l'église Saint-Michel de Gainesville, le Père Vincent, nous a parlé du risque avec éloquence. Il nous a dit que Dieu avait pris un risque en donnant à l'homme le libre arbitre. Cela signifie que l'homme pourrait s'en servir pour faire de mauvais choix qui ruineraient sa vie. C'est vrai, et pour la plupart d'entre nous, nous faisons volontairement chaque jour des choses mauvaises tout en sachant qu'elles le sont.

Une petite voix dans mon cœur répondit : « Oui, mais Dieu garde un atout. » La Miséricorde est l'atout de Dieu capable de l'emporter sur le mauvais usage de notre liberté. Ceci ne diminue en rien la puissance du libre arbitre. Cela nous aide à ne pas nous faire autant de souci à propos des fautes damnables que nous aurions pu commettre dans notre vie. Cela nous aide à faire les bons choix parce que la Miséricorde devient le moteur de nos prises de décision.

Quelle que soit la carte que notre libre arbitre va

poser, Dieu garde toujours la carte Miséricorde qui peut remporter le pli. Après une faute, nous posons la carte de la peur et de la condamnation, mais Dieu présente l'atout Miséricorde. Nous devenons dépendants de la drogue, du sexe, de l'alcool ou de l'ordinateur, Dieu présente sa carte Miséricorde. Nous pensons que nous devrions prier plus et nous ne le faisons pas, nous nous tournons vers la Miséricorde.

La Miséricorde nous rend libres de prendre des risques et d'évangéliser dans des situations dans lesquelles on ne s'engagerait pas de crainte d'échouer. Bien que nous tremblions physiquement, nous allions deux fois par semaine visiter les foules en prison. Osez parler aux gens même s'ils n'ont pas bonne allure ou s'ils peuvent vous attirer dans leur péché. Il y a toujours un risque de succomber. Mais la Miséricorde vous accompagne. Quand nous témoignons dans des lieux où nous succombons à des pensées immorales, nous filons vite nous confesser et nous recevons le Pain du pardon.

Comme le dit l'apôtre Paul : « Ainsi donc, que celui qui se flatte d'être debout prenne garde de tomber » (1 Co 10, 12). Autrement dit, n'ayez pas trop confiance en vous quand vous prenez des risques pour aider les autres à trouver la Miséricorde. Sachez seulement ceci : « Aucune tentation ne vous est survenue, qui passât la mesure humaine. Dieu est fidèle ; Il ne permettra pas que vous soyez tentés au-delà de vos forces ; mais avec la tentation, Il vous donnera le moyen d'en sortir et la force de la supporter » (1 Co 10, 13). Mais si vous tombez en essayant d'aider quelqu'un, il y a la Miséricorde.

Nous pouvons porter l'Évangile avec audace partout où Dieu nous envoie parce que nous avons les atouts de la Miséricorde. Il y a quatre atouts majeurs de la Miséricorde. Le *premier*, le plus puissant, c'est le Christ crucifié. Dieu, par l'offrande de l'Eucharistie, abat cette carte des millions de fois par jour dans ce monde où l'on fait un si mauvais usage de la liberté. Le *second*, c'est Marie, mère de Miséricorde. Sa vie et ses prières pour ses enfants l'emportent sur plus d'un désastre. Le *troisième*, l'influence de la vie et de la prière des saints. Il faut les connaître et les sortir comme atouts contre le diable. Le *quatrième*, le purgatoire, l'état de purification par la Miséricorde réservé à ceux qui n'auront pas profité de toutes les grâces que leur offrait la Miséricorde pour être totalement purifiés au seuil de l'éternité.

Comme toujours, il y a ceux qui personnellement n'ont même pas un ou deux atouts dans leur jeu. Pas de souci. Jésus, son Père, sa Mère et les saints offrent la Miséricorde à la liberté de l'humanité tout entière. Y aura-t-il des gens qui n'auront pas l'atout « puissance de la Miséricorde » pour couper ? Sincèrement, j'espère que non. Comme toujours, interrogez votre cœur. L'enfer existe, c'est un lieu où l'on refuse la Miséricorde.

J'aimerais bien un jour aller évangéliser avec vous, mais cela risquerait d'être ennuyeux pour vous. Je n'ai rien d'autre à offrir que la Miséricorde. C'est comme de jouer aux cartes avec quelqu'un qui a tous les atouts en main. Difficile de gagner, ou plutôt difficile de perdre. Quel que soit le problème, quelle que soit la dépendance, j'abats simplement la carte de la Miséricorde et bien souvent Jésus ramène la brebis à la maison. Dans le jeu de la vie, il y a triche en faveur de la Miséricorde à cause du sacrifice de la Croix, de Marie et de l'Église.

Dans le jeu de la vie, il y a triche en faveur de la Miséricorde à cause du sacrifice de la Croix, de Marie et de l'Église.

CHAPITRE XXIV

Le cirque romain

Dieu ne tirera pas sur la corde.

Une partie de mes études d'espagnol consistait à regarder la télévision pour entendre la langue parlée. L'une des émissions s'appelait *Circo romano*. Je garde une image inoubliable, encadrée par les grondements de lions affamés, du seul épisode que j'aie vu et entendu. Ce n'était qu'un spectacle, mais le message semblait aussi clair qu'il a dû l'être au temps des Césars.

Voici le message : si votre numéro n'est pas bon et si vous ne plaisez pas au jury, vous êtes condamnés à être dévorés par les lions. Si vous n'avez pas eu l'honneur, très discutable, de regarder le *Circo romano*, il faut que je revive avec vous une fois de plus ce que j'ai vécu au cours de ma leçon d'espagnol télévisée. Chaque concurrent présente un chant, une danse, un tour de magie, un numéro de jonglerie ou autre chose et, pendant tout le temps de son numéro, il se tient debout sur une estrade munie d'une trappe, surveillé apparemment par deux gardes romains qui l'empêchent de s'en aller avant que le jugement final ne soit rendu. Ah oui, j'ai oublié de vous dire : il y a aussi deux jeunes femmes à la poitrine généreuse qui se tiennent juste derrière le concurrent. Je ne sais pas trop ce qu'elles viennent faire là.

Je regardais, installé sur son lit, à côté d'une vieille dame de soixante-quatorze ans, la maman du prêtre qui m'avait envoyé en Colombie pour apprendre l'espagnol. Je dis cela pour vous rassurer au cas où vous vous inquiéteriez en me croyant au cirque, peut-être même en tant que concurrent. Non, j'étais confortablement installé, près d'une mère, en sécurité dans une maison de Chiquinquira, la capitale religieuse de la Colombie. Merci de vous être inquiétés pour moi.

Je me rappelle très nettement ce que j'ai vu ce soir-là, comme si c'était hier, et d'ailleurs, c'était hier. En tout cas, tandis que chacun effectuait son numéro de tout son cœur, dans la foule on hurlait, on riait, on sautait sur place. Après chaque représentation il y avait un moment de silence pour réfléchir au verdict, puis, dans l'exubérance générale, tous les spectateurs tournaient leur pouce vers le haut ou vers le bas. Si c'était vers le haut, l'heureux concurrent était soulagé et partait dans les coulisses pour attendre la délibération finale et le jugement. Jusqu'ici, la foule avait apprécié le spectacle et s'était montrée clémente.

En cas de pouces tournés vers le bas, l'estrade était longuement secouée tandis que les lions rugissaient et que la foule jubilait. La ou le concurrent(e) tremblait, sachant que la trappe allait s'ouvrir soudainement sous ses pieds. À l'ouverture, de la fumée s'élevait et il ou elle tombait comme une pierre dans le vide, pour l'étrange plaisir de tous, sauf celui du candidat condamné.

Ceux qui n'avaient pas été éliminés lors de ce premier « jugement » sortaient l'un après l'autre jusqu'à ce qu'il ne reste plus qu'un gagnant. J'ai vu les deux derniers candidats et je m'en souviendrai sans doute longtemps. Il y avait une jeune femme qui sortait des colombes d'un mouchoir et faisait des tours de cartes. À son regard, je me rendais compte qu'elle avait fait de son mieux et espérait bien gagner. L'autre finaliste était un jeune homme qui s'attachait de différentes façons à deux cordes pendant du plafond tandis que la musique jouait. Ils n'avaient l'un et l'autre qu'une minute ou deux pour présenter leur numéro pendant qu'un grand sablier égrenait le temps.

Quand ils eurent terminé tous les deux, le jeune homme sortit et attendit anxieusement le jugement, debout sur l'estrade. Je me souviens qu'il était très jeune et, honnêtement, il avait l'air un peu effrayé de ce qui allait se passer. Après une attente plus longue que le temps de son numéro, un roulement de tambour assourdissant et les cris sauvages de la foule, il fut décidé « miraculeusement » qu'il devait « vivre ».

La jeune femme n'eut pas autant de chance. Debout sur la trappe, elle avait la même expression d'appréhension sur le visage. Ce furent à nouveau les cris de la foule et les roulements de tambour. Les lions rugissaient quand l'estrade se mit à vibrer violemment. La frénésie était à son comble : la trappe s'ouvrit brusquement ; elle avait disparu. Il ne peut y avoir qu'un seul vainqueur au cirque romain.

Bien sûr, ce n'était qu'un concours d'amateurs avec des gagnants et des perdants ; mais, spirituellement, cela m'a laissé un profond sentiment de malaise. Pourquoi ? Eh bien dans ce monde, la vie ressemble beaucoup au cirque romain. Vous avez de bons résultats, ou « vous êtes jetés ». Nous avons fait une multitude de rencontres avec des gens de cultures différentes et nous avons découvert que pour beaucoup d'entre eux le Jugement dernier sera un peu comme ce concours. Dieu a-t-Il une espèce de grosse trappe pour vous éjecter en enfer si vous avez raté son test de sélection ? Dieu est-Il l'inventeur d'une compétition cruelle qui va vous permettre d'entrer au Ciel ou au contraire vous laisser dehors selon l'« efficacité » de votre comportement chrétien sur terre ? Faut-il s'angoisser à propos de ce qui va se passer après la mort ?

Si l'on comprend le Cœur miséricordieux de Jésus,

cela apaise nos peurs au sujet du Jugement. Dieu est tout amour et Miséricorde : la Croix en est la preuve. Ayez confiance. Dieu ne désire aucunement vous renvoyer pour une éternité sans Christ. Y a-t-il une espèce de trappe du jugement[1] ? Interrogez votre cœur ! Mais pour récapituler la comparaison, je voudrais dire que s'il y a une corde, elle est entre les mains de l'individu qui refuse la Miséricorde. Peut-être quelqu'un peut-il « tirer sur la corde », mais il lui faut tirer plus fort que Jésus, Marie et tous les saints qui l'attirent vers la Miséricorde de Dieu. C'est là le mystère de la tension entre la Miséricorde de Dieu et la volonté libre de l'homme.

Peut-être quelqu'un peut-il « tirer sur la corde », mais il lui faut tirer plus fort que Jésus, Marie et tous les saints qui l'attirent vers la Miséricorde de Dieu.

1. Je ne veux pas dire par là qu'il faille passer le jugement à la trappe.

CHAPITRE XXV

La métamorphose de la blessure

La source de la blessure est la source de la métamorphose qui guérit.

Dans ce monde presque tous les gens souffrent d'une blessure infligée par un manque de Miséricorde lié au père, à la mère ou à la famille. C'est la blessure majeure, même s'il peut y avoir pléthore de blessures mineures. Nous croyons qu'en général on subit les blessures les plus importantes entre la conception et l'âge de deux ans. Cette conviction ne vient pas de la recherche, bien que celle-ci soit très instructive, mais de trois décennies d'écoute du cœur des gens, et de notre connaissance de nos profondes blessures personnelles.

Dieu a créé l'organisme humain pour qu'il fonctionne d'une certaine façon. S'il fonctionne mal, en général c'est qu'il y a quelque chose qui cloche, non pas dans l'organisme, mais dans les échanges entre ce dernier et l'environnement. Qu'est-ce que cela signifie ? Cela veut dire que si une personne ne tourne pas rond, pour découvrir le problème on peut remonter le cours de sa vie jusqu'à ce que l'on trouve un manque dans la communication de l'amour à la fois envers elle et de sa part.

Dès notre conception, nous sommes « programmés » par Dieu pour commencer à recevoir et à refléter ce qu'il y a de plus fort dans l'amour : la Miséricorde. Une mère qui se drogue avant d'être enceinte arrête la drogue pour le bien du bébé qu'elle porte en elle. Même si c'est très difficile, elle place l'enfant au-dessus de ses habitudes. De même pour une mère qui fume, qui boit, ou qui est une véritable droguée des lamentations, de l'angoisse ou de la peur, pour celle qui aime les films d'horreur, les corridas ou toute autre activité nerveusement épuisante et susceptible d'envoyer un message inhumain à l'enfant. C'est comme la mère qui refuse une chimiothérapie pendant sa grossesse à cause du risque encouru par le bébé ; elle meurt et son bébé vit : ça, c'est de la Miséricorde (de la Miséricorde maternelle).

La Miséricorde exige que quelqu'un meure et reflète ainsi la Miséricorde pour celui pour qui il meurt. Quand une mère meurt à elle-même et à ses propres besoins, elle est reflet de la Miséricorde pour son enfant, même si ce dernier ne comprend pas. Tout sacrifice offert avec amour par la mère est reçu au cours du développement psychologique du bébé. Les plus grands héros du monde sont les mères et les bébés à naître (et les pères qui aiment la mère du bébé durant toute sa vie).

D'un autre côté si, pour une raison ou pour une autre, une mère n'est pas capable de refléter la Miséricorde par ses habitudes, ses pensées, ses paroles et ses autres interactions avec l'embryon, le bébé sera blessé. En retour, un tel bébé reflétera le poison issu de sa blessure et la mère en sera blessée. Je ne blâme personne, j'explique seulement à ma façon comment les grandes blessures sont infligées au bébé.

La source de la blessure est la source
de la métamorphose qui guérit.

La source de la blessure est la source de la métamorphose qui guérit. C'est par la blessure que va venir la métamorphose. Ainsi, la blessure est nécessaire, sinon il n'y a aucune substance par où Dieu puisse passer pour transformer cette blessure en source de Miséricorde. De toutes les blessures, avant leur métamorphose, s'échappe de l'amertume sous forme de honte, de colère ou de peur. Voici le cri d'une blessure : « Je ne suis pas aimée. Je ne suis pas appréciée. Je suis seule. » Ce n'est peut-être pas vrai, mais pour l'embryon, seule la Miséricorde aimante comble les besoins « nutritionnels » indispensables à un développement correct.

Dans la mesure où le corps reflète extérieurement la blessure intérieure, l'enfant réagit parfois violemment sans savoir pourquoi. C'est tout aussi frustrant pour l'enfant que pour son père et sa mère. Ce n'est pas une question de mauvais caractère, c'est parce qu'il (ou elle) est blessé(e). Si la mère peut amener l'enfant là où la blessure peut être métamorphosée, celui-ci peut alors devenir source de Miséricorde dès son plus jeune âge.

Où la blessure se métamorphose-t-elle et comment ? Ce n'est pas en niant son existence ou en utilisant des techniques, même reconnues et ayant fait la preuve de leur efficacité. Nous ne pensons pas que la blessure doive être guérie dans le sens où on en retirerait le poison et où on la refermerait. Il s'agit d'une blessure spirituelle qui affecte un corps et un esprit bien physiques. Donc, plutôt que de traiter les symptômes, il nous faut aller à la Croix, source de transformation spirituelle.

C'est dans le Cœur blessé de Jésus
que se trouve la puissance métamorphosante
surnaturelle de la Miséricorde.

Cela semble contradictoire d'aller vers celui qui est blessé pour faire évoluer une blessure. Oh, mais c'est la réponse. C'est dans le Cœur blessé de Jésus que se trouve la puissance métamorphosante surnaturelle de la Miséricorde. Marie est là pour aider l'enfant à atteindre Jésus. C'est assez terrifiant de rencontrer personnellement Jésus crucifié. On me dit que cela ne se fait pas. Nous l'avons fait. Marie soulève l'enfant jusqu'à son Fils crucifié et quand leurs Cœurs se touchent, il se produit un miracle. Jésus ôte l'amertume qui imprégnait la blessure de l'enfant et y infuse la Miséricorde.

Comment cela se passe-t-il si l'enfant a atteint l'âge adulte ? De la même façon, c'est juste un peu plus difficile pour Marie de vous porter au niveau du Cœur ouvert de son Fils. D'autres expliqueraient peut-être cela mieux que nous. L'essentiel, c'est de savoir qu'il n'y a pas de métamorphose des grandes blessures sans le Christ crucifié et Marie.

Comment dire cela autrement ? Je ne sais pas. Alors voilà : il n'y a pas de métamorphose des grandes blessures sans Marie et le Christ crucifié. Ça y est, c'est un peu différent.

Depuis que mon énorme blessure d'avoir été rejeté par mon père et ma mère à ma naissance a été métamorphosée il y a huit ans, j'ai rencontré de nombreux catholiques blessés, sans compter tous les non-catholiques qui le sont aussi. C'est presque décourageant, car le processus de métamorphose de la blessure n'est pas si compliqué que cela. Il suffit d'admettre que l'on est blessé et d'aller à la Croix. À l'instant même où j'ai connu la solution, j'ai dit oui. Je ne voulais pas souffrir une minute de plus. Je ne voulais pas continuer à blesser mes proches une seconde de plus. J'ai dit oui immédiatement à Jésus crucifié et à Marie, et la blessure a été instantanément métamorphosée. Je ne me suis pas préoccupé du prix. Je ne me suis pas soucié de ce que les gens pensaient d'un pasteur évangélique à genoux devant une croix catholique avec Jésus et sa Mère catholique ; je voulais juste arrêter de souffrir.

Je ne me suis pas soucié de ce que les gens pensaient d'un pasteur évangélique à genoux devant une croix catholique avec Jésus et sa Mère catholique. Je voulais juste arrêter de souffrir.

Cette métamorphose de ma vie causa la rupture d'une digue et un flot de Miséricorde jaillit de mon cœur. Il n'a pas faibli depuis huit ans. Je n'ai qu'un seul regret, c'est de voir qu'il y a des hordes de catholiques qui peuvent aller quand ils veulent faire métamorphoser les grandes blessures de leur vie et qui ne le font pas. Pourquoi ? Allez savoir !

Comme sur l'icône de la Miséricorde, notre objectif dans ce genre d'Évangélisation, c'est de prendre les gens par surprise et de les amener à laisser Jésus et Marie transformer leurs blessures importantes. Si vous êtes blessés et que vous réagissez envers ceux que vous aimez le plus avec crainte ou colère, s'il vous plaît, allez faire métamorphoser votre blessure au pied de la croix. Qu'est-ce que cela signifie ? Admettez que vous êtes blessés, mettez-vous à prier avec ferveur pour faire une rencontre à la Croix. N'abandonnez pas tant que vous ne sentez pas l'amertume métamorphosée en Miséricorde.

N'abandonnez pas tant que vous ne sentez pas l'amertume métamorphosée en Miséricorde.

L'un des premiers signes de métamorphose, c'est de tomber éperdument amoureux de l'Église. Vous allez tout voir autrement dans l'Église. Vous allez aimer les prêtres, la messe, et les vieilles dames qui prient le rosaire. Vous allez arriver en avance à la messe et vous asseoir au premier rang. Vous allez chanter à la chorale et laver les statues ou faire quelque chose pour aider à embellir la paroisse. Si vous n'aimez pas l'Église avec passion, c'est que la métamorphose n'a pas eu lieu. S'il vous plaît, vraiment, écoutez. Jésus et Marie désirent avant tout transformer les catholiques. Comment pouvons-nous aider le monde si la Miséricorde ne coule pas à flot vers ceux que nous aimons le plus, notre femme, notre mari, notre famille ?

La source de la blessure est la source de la métamorphose qui guérit. Je rêve d'une armée de Miséricorde remplie de catholiques marchant au pas cœur à cœur pour sauver l'humanité avant qu'il ne soit trop tard. Regardez-nous venir, chacun en forme de Cœur de Jésus, marchant bras dessus, bras dessous, le long de toutes les rues de nos pays, la Miséricorde jaillissant librement de nous et entre nous. Un formidable Corps du Christ. C'est le rêve de l'Église. Puissions-nous le voir se réaliser durant notre vie.

Je rêve d'une armée de Miséricorde remplie de catholiques marchant au pas cœur à cœur pour sauver l'humanité avant qu'il ne soit trop tard.

CHAPITRE XXVI

La folie de la Miséricorde

Tout est au point, nous allons prendre notre retraite. Nous ne savons pas encore la date exacte mais nous sentons que ce sera bientôt. Vous faites partie des premiers à le savoir, vous et les cinq autres personnes qui ont lu le livre jusqu'ici. Il nous faudra quitter Gainesville en Géorgie, mais cela en vaudra la peine. Nous allons nous rapprocher de la famille et c'est ce qu'il y a de plus important dans la vie. Tante Lizzy sera de l'autre côté de la rue et le cousin Phil à moins d'un kilomètre.

C'est une bonne chose d'avoir épargné et établi notre budget pour l'avenir pendant toutes ces années, sinon nous vieillirions dehors dans le froid. Officiellement, toutes les mensualités de notre assurance-vie ont été intégralement versées. Nous avons été bien avisés de mettre quelque chose de côté tous les mois pendant quarante ans. J'ai de la peine pour ceux qui n'ont pas eu la prudence de préparer leur vieillesse.

Nous avons gardé pour la fin le meilleur de ce que nous avons à vous dire : il n'y aura ni factures d'eau ni factures d'électricité. Toutes les dépenses sont payées d'avance (Mt 6, 19-20). Nous partons pour la Cité dont Jésus est l'eau et la lumière (Ap 22). Il n'y aura pas du tout d'obscurité et le Père lui-même essuiera toutes larmes de nos yeux. Plus de migraines ni d'autres souffrances, car la Miséricorde nous suivra pour toujours. « Ta Miséricorde me suivra tous les jours de ma vie et j'habiterai la maison du Seigneur pour toujours » (Ps 22, 6, dans la traduction anglaise Douay-Rheims de la Bible).

La Miséricorde nous a suivis jusqu'à ce qu'elle nous saisisse, il y a huit ans. Nous savions qu'elle était à nos trousses ; ce que nous ne savions pas tant qu'elle ne nous avait pas pris, c'est qu'elle était Miséricorde. À partir du jour où, il y a trente-quatre ans, nous avons touché la frange de son manteau, nous n'avons plus voulu que la servir. C'est drôle, nous avons dit oui avant qu'elle ne nous prenne. La seule pensée de Celui qui nous aimait d'un amour vrai et inconditionnel a suffi à notre *Fiat*. Et ce fut un abandon total à Celui qui nous suivait.

Quelle folie de dire *Fiat* (qu'il me soit fait selon ta volonté) sans savoir où cela allait nous mener. Et nous voici dans les bras de la Miséricorde, après tant d'années de joies et de larmes. Ça en valait bien la peine. Il n'y a pas grand-chose de changé, sauf que physiquement nous ne pouvons pas en faire autant qu'avant ; néanmoins, avec un peu de sagesse nous sommes plus efficaces pour le peu que nous faisons.

En gros, nous avons toujours la même fortune qu'avant : l'assurance que nous allons habiter la maison du Seigneur pour toujours (Ps 22, 6). En effet, nous ne possédons pas grand-chose, bien que cela n'ait pas toujours été facile de ne pas accumuler. Nous habitons à deux dans 30 m² : séjour, salle à manger, cuisine, toilettes, salle de prière, salle de bains, placard et bureau compris. Nous n'avons pas d'assurance-maladie et nos corps se dégradent plus facilement. Notre revenu est inférieur au seuil de pauvreté et nous n'avons mis de côté ni pour la retraite ni pour la sécurité sociale. Nos amis nous poussent à chercher un « boulot normal » et à commencer de penser à la retraite et aux prestations maladie. Leur manque de compréhension de nos choix de vie nous garde heureusement dans l'humilité.

Pendant combien d'années avons-nous vécu ainsi ? Depuis cette première année où nous avons décidé de prendre au mot la Parole de Dieu dans l'épître aux Philippiens 4, 19. Combien de fois nous sommes-nous demandé si nous allions nous en sortir ce mois-là ! Combien de fois les enfants ont été malades sans que nous ayons les moyens de les emmener chez des docteurs ou des hôpitaux coûteux ! Combien de fois avons-nous emprunté à la banque pour pouvoir payer les billets et aller là où la Miséricorde nous envoyait !

Nous commençons à ressembler de moins en moins à des soldats de la Croix et de plus en plus à un vieux couple stupide qui ne s'est pas préparé à l'avenir. Peut-être ces couples mariés qui n'ont pas élevé leur famille dans des bidonvilles et non pas vécu quotidiennement à la grâce de Dieu ont-ils raison quand ils contestent notre style de vie idiot. Seuls Dieu et notre cœur le savent.

C'est même idiot d'écrire cela, sinon que cela nous aide à nous souvenir du parfum du vêtement de la Miséricorde que nous avons respiré en 1972. Cela me fait penser à l'histoire du petit pois qui roule au milieu de la rue et se fait écraser par un camion. On l'emporte à l'hôpital et on lui fait des points de suture pour recoller les morceaux. Quelques mois plus tard, alors qu'on va l'autoriser à sortir, une pêche lui demande comment il va. « Je vivrai, dit-il, mais je serai toujours un légume. »

Une pneumonie rampante, huit semaines de toux, des migraines tous les jours, et on me demande ce que dit le docteur ! Eh bien il a dit que j'allais probablement vivre, mais que je serais toujours un missionnaire. Nous sommes pris entre les deux ; nous désirons aller avec Jésus, et cependant Il nous laisse ici pour être des instruments de Miséricorde (Ph 1, 23). La Miséricorde nous retient ici, et c'est elle qui nous emportera à la Maison. Youpi !

Êtes-vous appelés à vivre comme nous ? J'espère que non. Dieu peut-Il vous garder comme Il le fait pour nous ? Un oui sonore. Le fait est qu'une fois que vous commencez à toucher la Miséricorde, ou mieux, une fois qu'elle vous touche, vous perdez la tête, ou plutôt le cœur, pour elle. Et elle ne vous fera jamais, jamais défaut.

Voici quelques « jamais » de notre manifeste du missionnaire. Ne jamais dire : « C'est à moi ! » Ne jamais utiliser l'amitié à des fins personnelles. Ne jamais revenir sur les succès ou les échecs du passé. Ne pas s'arrêter pour raisonner avant d'obéir. Ne jamais prendre sa retraite, être comme le pape. Ne jamais garder ce dont on ne se sert pas. Ne jamais arrêter d'évangéliser par la Miséricorde. Ne jamais parler durement à quelqu'un ou contre lui. Ne jamais mettre quoi que ce soit, et surtout pas un bureau, entre vous et la personne à laquelle vous parlez. Ne jamais se servir des mots ou du regard pour intimider. Ne jamais dire : « Tu dois ». Ne jamais prier moins d'un rosaire par jour. Ne jamais dire : « Jamais », sauf au diable et au péché. Et si on échoue, comme cela nous arrive à tous, ne jamais s'arrêter de recevoir la Miséricorde et repartir à zéro.

La Miséricorde est folie pour ceux qu'Elle n'a pas touchés ; l'abandon total est pour ceux qui se disent ses disciples. Célibataires ou en couples, jeunes ou vieux, faibles ou forts : la Providence divine est pour tous ceux qui diront *Fiat* et obéiront. Nous devons être proches de ceux à qui nous cherchons à montrer la Miséricorde. Nous devons nous mettre sous le monde et le soulever car, alors, c'est Jésus que nous élevons. Le rêve américain, c'est « toujours plus de choses ». Le rêve de Dieu, c'est « toujours plus de Miséricorde ». Nous faisons l'offrande de la plus grande partie de notre temps à l'Évangélisation par la Miséricorde. Vous n'avez peut-être pas la possibilité de donner autant de temps que nous, mais vous pouvez au moins laisser la Miséricorde vous suivre partout, jusqu'au moment où vous prendrez votre retraite dans la maison du Seigneur pour toujours.

Nous devons soulever le monde
car, alors, c'est Jésus que nous élevons.

CHAPITRE XXVII

Vivre sous la conduite de la Miséricorde

Vivre sous la conduite de la Miséricorde, c'est choisir publiquement d'avoir le courage de prendre le chemin de la mort à soi-même, ou de la mort sur une croix, pour un autre.

Dans la vie, la motivation est plus puissante que tous les obstacles. C'est la raison qui sous-tend tous les actes et toutes les pensées. C'est ce dont nous rêvons et ce qui nous comble plus que toutes les autres choses réunies. Une motivation qui nous vient de Dieu peut même être plus puissante que le désir de procréation, d'appartenance à un groupe et de survie. Personne ne peut acheter, corrompre ou affaiblir la ferveur d'une motivation donnée par Dieu, et la plus forte de toutes les motivations, c'est la Miséricorde.

Nous croyons que c'est elle qui pousse Jésus, Marie et l'Église à agir. Elle exige un engagement total et ne garde aucun regret. Si nous la comprenons, nous comprenons Jésus, Marie, et l'Église, y compris tous les saints. Que saint Joseph, le plus grand de tous, vous apprenne ce qu'est la vie sous sa conduite. (Marie est Mère de Dieu, et donc dans une catégorie à part pour ce qui est de la sainteté.)

Si nous disons que la Miséricorde est le moteur de notre vie, c'est comme si nous disions que nous sommes le Cœur de Jésus répandant son sang pour le monde. Si la Miséricorde est le moteur de votre vie, vous ne pouvez pas plus arrêter le flot de Miséricorde qui se déverse de votre Cœur transpercé que vous n'auriez pu empêcher Jésus de mourir pour nous sur la croix.

Le cœur sait ce qu'il y a de meilleur, or il n'y a que la Miséricorde qui puisse répondre à son attente. Même si elle contribue pour beaucoup à ce que nous réalisions les objectifs qu'on s'est fixés pour elle, toute autre motivation a ses limites et ne peut donc pas nous combler. La réussite dans les affaires n'est qu'un moyen pour mieux vivre une vie de Miséricorde. Les activités, les sports, les vacances et chaque heure de chaque jour se vivent dans la joie, en sachant que toutes choses concourent à nous aider à être réceptacles et reflets de la Miséricorde.

Quand la Miséricorde est le moteur de notre vie,
cela la rend à la fois extrêmement facile
et extrêmement difficile.

Si nous n'avons plus que la Miséricorde pure pour unique motivation, notre vie devient à la fois extrêmement facile et extrêmement complexe. En premier lieu, elle devient facile car la Miséricorde est à la fois la force motrice et l'objectif de la vie. Tout ce qui n'entre pas dans ses plans devient superflu et s'abandonne sans effort. Deuxièmement, cela devient difficile parce que, ayant en vous le Cœur de Jésus, vous avez la responsabilité de changer le monde qui vous entoure par la Miséricorde. Rien ne pourra vous arrêter, ni l'âge, ni la maladie, ni la peur d'être humilié, ni la mort. Rien ! Cela n'explique-t-il pas de façon assez simple pourquoi les saints ont pu continuer d'aimer et de pardonner alors qu'on les jetait aux lions ou qu'on les livrait à des gouvernements mauvais ?

La Miséricorde ne négocie pas de trêves et ne se raisonne pas. On ne peut rien offrir de mieux qu'une vie placée conduite par la Miséricorde. Que pourrait-on offrir pour renoncer à une telle vie ? En elle nous avons les clefs du paradis. L'ange arrête de brandir l'épée et les portes s'ouvrent en grand pour donner accès à l'arbre de vie. Par comparaison, tout ce que l'on pourrait offrir d'autre reviendrait à offrir du sable en guise de nourriture, ou du silence à la place de la voix de celui qui nous aime le plus. La Miséricorde va jusqu'à se moquer du Jugement.

Au quotidien, vivre sous le signe de la Miséricorde, c'est braver en permanence ces obstacles aux intuitions qui nous viennent du cœur et qui nous motivent. Comme nous répondons aux impulsions de notre cœur, cela pousse ceux qui nous regardent continuellement à devenir eux-mêmes des réflecteurs de la divine Miséricorde. Ils prennent courage et croient qu'ils peuvent faire quelque chose de leur vie, quelle que soit leur situation actuelle.

Voici un exemple qui m'a inspiré et qui est présenté dans une émission créative : « *Tengo una ilusión* » (je fais un rêve). Je ne sais pas au juste ni ce qui a poussé à créer ce spectacle ni à quelles fins il l'a été mais, vu que nous essayons de tout voir par les yeux de la Miséricorde, nous en avons aussi tiré de cette émission. Et vu que c'est en espagnol, je n'ai peut-être rien compris, alors s'il vous plaît, soyez indulgents avec moi si vous connaissez l'émission et ne la voyez pas du même œil. Voici comment ça se présentait.

On demande à plusieurs personnes connues de participer. Toutes ont choisi comme filleul un pauvre, un malade, ou quelqu'un qui est dans le besoin pour d'autres raisons. Les parrains sont des acteurs, des chanteurs, des journalistes, et même un prêtre. On leur demande d'affronter ce dont ils ont le plus peur dans la vie afin de révéler à leurs filleuls, et à nous tous qui regardons, que l'on peut réaliser quelque chose dans la vie même si on part avec un handicap énorme. Et on leur demande d'affronter cette situation *pour quelqu'un d'autre*. Cela se passe en direct. Entre parenthèses, je voudrais dire que je n'ai jamais vu une meilleure présentation à la télévision.

De quoi avez-vous le plus peur ? Voilà ce qu'on vous demande de faire. Et s'il s'agissait de chanter en public face à une foule immense ? Le problème, et c'est là qu'elles se sont fait avoir, c'est que les deux personnes que j'ai entendues ne savaient pas chanter, et d'ailleurs elles avaient l'air de le savoir, mais elles y mettaient tout leur cœur pour ceux qu'elles aimaient. On a demandé à une femme, qui n'avait jamais été ni alpiniste ni laveuse de carreaux, de descendre en rappel le long d'un immeuble de quarante étages. Un homme, après seulement un bref entraînement, est entré dans l'arène et a affronté au péril de sa vie un taureau furieux qui n'arrêtait pas de le charger.

J'aurais décerné le prix à Manuel, un humble journaliste d'une cinquantaine d'années. Il parrainait une femme plus âgée que lui. On lui demanda d'entrer dans la cage de six tigres blancs de deux cents kilos chacun et de claquer le fouet pour les faire parader. Le dompteur était là aussi, mais c'était Manuel qui leur faisait face, et il était terrifié. Ses mains tremblaient, et la peur se peignait sur son visage en sueur.

Les tigres grondaient, accroupis sur des trépieds plus hauts que lui. N'oubliez pas qu'il n'était pas dompteur mais journaliste, et qu'il n'était encore jamais entré dans une cage aux fauves. Et vous ? Il faisait claquer son fouet avec beaucoup d'appréhension tout en essayant de paraître calme et maître de lui, mais les tigres le regardaient comme s'ils étaient en train de se demander par quel membre ils allaient commencer à le mettre en pièces. Cet homme n'avait pas de revolver. Il n'aurait pas pu courir s'ils avaient attaqué. Il n'avait aucune échappatoire et ne pouvait qu'affronter sa peur. Il ne faisait cela ni pour l'argent ni pour la gloire, mais pour nous qui l'acclamions, assis bien en sécurité sur notre lit. Aucune séance d'entraînement ne m'aurait fait entrer dans cette cage ; pour tout l'or du monde, je n'y serais pas allé, pas plus d'ailleurs que pour la gloire. J'étais tout simplement mort de peur.

Après de nombreuses tentatives, les tigres finirent par se mettre à sauter au travers de leurs cerceaux. Le clou du spectacle, ce fut quand cet homme dut faire de la balançoire juste derrière un énorme tigre à grandes dents. Pendant qu'elle allait d'avant en arrière, le tigre était là, assis sur son arrière-train. Et lui, le regard terrifié, s'accrochait aux deux cordes de la balançoire pour le salut de sa vie.

Chose étrange, tout le monde pleurait dans la foule, et moi aussi. Je ne sais pas ce qu'il en était pour les autres, mais moi je pleurais parce que mon cœur était vraiment touché par le courage de cet homme ordinaire. Je pleurais parce qu'il était reflet de la Miséricorde en affrontant une peur à vous faire rentrer sous terre, et qu'il le faisait pour quelqu'un d'autre.

À la fin, on le vit debout à côté de la femme qu'il parrainait, et il n'y avait aucune ambiguïté sur le message qu'il voulait faire passer. Vous pouvez avoir des handicaps physiques ou mentaux, vous battre contre des dépendances ou contre une pauvreté imposée par votre milieu culturel, avoir perdu les deux jambes, comme c'était le cas d'un homme ; mais si vous prenez courage, si vous rêvez, et si vous affrontez les obstacles écrasants qui sont devant vous, vous êtes gagnants. Aucun tigre, aussi féroce soit-il, ne pourra vous arrêter.

La Miséricorde consiste à choisir d'affronter
ce qui nous effraie le plus afin que les autres
trouvent le courage de devenir
ce pour quoi ils ont été créés.

La Miséricorde consiste à choisir d'affronter ce qui nous effraie le plus afin que les autres trouvent le courage de devenir ce pour quoi ils ont été créés en dépit d'obstacles apparemment insurmontables. Oubliez un moment les raisons pour lesquelles cet homme n'aurait pas dû entrer dans la cage aux tigres et posez-vous la question : qu'est-ce qui m'effraie au point que, si je dois y faire face, il n'y aura pas que le courage pour m'aider mais aussi ceux qui m'entourent ? Quel rêve puis-je tirer du cœur de l'humanité souffrante en posant un acte de courage ?

Je ne peux pas répondre pour vous, mais je peux répondre pour moi. Il y a trois tigres que j'ai dû affronter en permanence pendant de nombreuses années. Le premier, c'est la peur de vivre dans la pauvreté quand je serai vieux et d'avoir à mendier pour moi et pour ma famille. Le second, c'est la peur d'avoir à vivre de longues souffrances physiques avant de mourir. La troisième, la peur de témoigner de Jésus-Christ dans les rues ou en faisant du porte-à-porte, devant des gens que je n'ai jamais vus. J'ai souvent affronté ces tigres. J'ai parfois l'impression qu'ils grondent après moi ou qu'ils sont assis sur mon âme. Priez pour que je prenne courage jusqu'à la fin et que j'affronte mes peurs jusqu'à ce qu'il y ait quelqu'un qui commence à rêver que lui aussi peut affronter ses peurs.

Car, en fait, nos tigres sont en nous. Ils prennent différentes formes, mais tous se réduisent à un seul mot : la peur. Peur de la mort, peur de la vie, peur de ne pouvoir être pardonnés de nos actes, peur de finir sa vie dans la solitude, peur du cancer ou de la maladie d'Alzheimer. La liste est interminable, mais la racine de tout cela c'est la peur. La peur entraîne des guerres en nous et entre nous. La peur est cause de préjudices et d'oppression. Je crois qu'on peut facilement la considérer comme notre pire ennemi, au même niveau que l'orgueil. Nous n'emporterons ni l'une ni l'autre en paradis.

Pouvons-nous être libérés de toute peur ? Je ne sais pas. Je n'en suis pas encore là ; mais la peur diminue au fur et à mesure que l'amour qui se manifeste par la Miséricorde grandit en moi. Jean, l'apôtre du Sacré Cœur, nous dit dans sa première épître que l'amour parfait chasse *toute* peur.

La vie sous le signe de la Miséricorde est la même pour tous, que l'on soit étudiant, banquier, plombier, mère célibataire ou missionnaire comme nous. Aucun acte de Miséricorde venant de notre cœur ne sera inutile. Nous pouvons être libérés de la peur individuellement ou ensemble, transformer notre être souffrant et guérir notre monde blessé. Cela ne se fait qu'en « devenant » Miséricorde.

Faire tous les jours un examen de conscience honnête est une façon de conserver sa priorité à la vie sous la conduite de la Miséricorde. En voici un exemple : est-ce que ce que je fais, ce que je prie, ce que je souffre, ce que je médite fait partie d'un choix conscient pour aider les autres sur le chemin de la vie placée sous la conduite de la Miséricorde ? Si ce n'est pas le cas, je vais changer d'activité, de prière, de souffrance et de méditation pour me conformer au Cœur de Dieu en moi. Mon esprit est-il totalement imprégné par les ordres qui viennent du cœur, et donc soumis avec joie, calme et détermination à Jésus, à Marie et à l'Église, libéré des peurs, des angoisses, des agacements et de l'amertume résultant de réactions impitoyables ? Mon corps répond-il aux ordres de mon cœur de Miséricorde en recevant et en reflétant cette Miséricorde comme le berger et la brebis de l'icône de la Miséricorde ?

Cela peut aider de prier comme suit. Nous essayons de méditer cette prière au moins vingt fois par jour. C'est tellement facile de s'écarter du sentier de la vie de Miséricorde.

« Oh, mon Jésus, inonde tout mon être de tes paroles qui donnent la vie (celles que tu as dites du haut de la croix). Mon cœur dit oui à la vie crucifiée. Avec Marie, je me laisse prendre par toi comme une sorte d'hostie consacrée pour le service de ma famille, l'amour de mon Église, l'unité de ton Corps et le salut du monde. Amen. »

Le sacrifice consenti que Notre Seigneur fit de lui-même dans l'humiliation et l'agonie de la croix nous appelle à oser non seulement triompher de notre propre faiblesse, mais aussi à choisir de notre plein gré d'affronter des tigres pour notre prochain. Jésus a dit : « Celui qui veut me suivre, qu'il renonce à lui-même, qu'il prenne sa croix tous les jours et qu'il me suive. » C'est en mourant volontairement sur la croix qu'Il a le plus reflété la Miséricorde. C'est de là qu'Il nous invite à « devenir » Miséricorde.

Du haut du ciel, comme le Père doit être heureux
de voir en nous le reflet du Cœur de son Fils
éclairant le monde et criant par nos vies :
« Aie pitié d'eux, car ils ne savent pas ce qu'ils font. »
Dites seulement Fiat et obéissez
tous les jours sur tous vos chemins.
Jésus, Marie et l'Église en vos cœurs vous aideront
à prier, ils chasseront la peur et vous vivrez
une vie conduite par la Miséricorde !

Conclusion

Si je retourne à la table des matières de ce livre, je m'aperçois que c'est un petit fruit de l'année de l'Eucharistie qui s'est terminée en octobre 2005. Je veux remercier ma famille, c'est-à-dire l'Église, pour sa sagesse qui lui a permis de discerner le besoin de passer l'année à méditer sur ce sacrement. La plupart des vérités que nous avons présentées dans ce livre n'étaient qu'en germe dans nos cœurs quand nous avons commencé. Maintenant, elles sont sur le papier, et nous croyons que ceci est dû en grande partie à la Miséricorde qui a été libérée du Cœur de l'Église pendant l'année de l'Eucharistie.

En me relisant et en faisant *ragionamento* avec mon cœur, j'ai trouvé beaucoup de raisons qui expliquent pourquoi et comment je suis catholique. Je comprends mieux pourquoi j'aime tant l'Église. Je suis plus convaincu que jamais que le seul espoir de l'humanité se trouve dans la Miséricorde qui passe par des cœurs abandonnés au Christ.

Chapitre après chapitre, nous trouvons encore et toujours l'élévation de la présence de Jésus. Jésus élevé, n'est-ce pas ce dont le monde a besoin ? Comment peut-on le voir s'Il n'est pas élevé ? Dans le service, le témoignage, la souffrance, le rosaire... il y a tellement de façons de l'élever plus haut. S'Il est élevé, Il peut être adoré par toute l'humanité. S'Il est élevé, tous seront attirés jusqu'à son Cœur.

Et où est son Cœur ? Il est en moi. Il est en vous. Cela paraît si simple de vivre sous la conduite de la Miséricorde. Il suffit d'élever Jésus présent en nous. C'est être son Cœur miséricordieux élevé pour l'humanité. C'est être son Cœur qui surprend l'humanité par la Miséricorde. C'est son Cœur plein de bonté pour tous. C'est cela la nouvelle Évangélisation.

Et tout est contenu dans l'eucharistie. Le *ragionamento* commence avec nous à la messe au moment de la préface : « Élevons notre cœur – Nous l'élevons vers le Seigneur. »

ÉPILOGUE

Bill le gentleman

J'ai fini d'écrire ce livre le matin du 17 février 2006. J'ai décidé de le terminer par un épilogue sur mon ami Simmons, de Gainesville en Géorgie : « Bill le gentleman ». J'ai rapidement griffonné ce qui suit. Cette nuit, il est parti avec le Jésus de miséricordieuse bonté qui l'a suivi tous les jours de sa vie et avec qui il va vivre pour toujours. Je remercie Frank Henry de m'avoir conduit à lui pour en recevoir Miséricorde et encouragements. J'ai reçu une mesure abondante. Parce que je l'ai connu, je suis capable de rayonner plus de Miséricorde. Frank, s'il te plaît, j'ai besoin d'un autre Bill. Ce que j'écris, je l'écris comme le cœur de Bill aurait aimé que je l'écrive.

Bill était unique, depuis la tête d'Einstein qui trônait dans son salon jusqu'à sa façon extraordinaire de jouer du piano. Chaque fois que nous parlions, c'est-à-dire pas mal de fois durant l'année où je l'ai connu, je rentrais à la maison en racontant à Danelle les vraies histoires d'une des personnes les plus remarquablement humbles que j'aie connues. J'aimais aller m'agenouiller par terre devant son fauteuil ou devant son lit et lui faire raconter les aventures de sa vraie vie avec le Colonel (le colonel Sanders bien sûr), mais il essayait toujours de changer de conversation et de me faire parler.

Tout ce qui concernait Bill me fascinait, et plus que

tout, sa gentillesse – la clef du paradis. C'était un gentleman. Je suppose que le mot existe encore, mon ordinateur ne le souligne pas en rouge. Quand il en était capable, il se levait pour m'accueillir avec un sourire joyeux, même si je faisais irruption sans avoir prévenu. Il essayait tellement d'être gai malgré une maladie grave pour laquelle, en guise de traitement, on s'était contenté de lui vendre un morceau de plastique de cinq centimètres pour quatre-vingts dollars. On soufflait dedans et une petite balle faisait un saut de 80 millimètres, le tout pour seulement quatre-vingts balles. Je me tordais de rire par terre, et, pendant ce temps, il essayait de ne pas s'étrangler de rire.

Bill avait du temps pour les autres, pour tous les autres. Il vivait seul mais je ne l'ai jamais trouvé devant la télé. Il avait un ordinateur, mais ne savait absolument pas l'allumer. Mais ce qu'il y a de sûr, c'est qu'il savait être bon. Il venait, excusez-moi l'expression, d'une race d'hommes en voie d'extinction, qui plaçait la courtoisie plus haut que tous les trucs mécaniques. Sa bonté allait au-delà de ce qui était normal et il l'exerça jusqu'à ce qu'il quitte ce monde. Il était sur son lit de mort, il demandait encore à Danelle de l'excuser de ne pas l'avoir présentée à tous ceux qui l'entouraient. Quand je partais quelque part au bout du monde, il prenait toujours soin d'elle et ne manquait pas de lui téléphoner et de lui demander ce qu'il pouvait faire pour elle.

Il était prêt à rejoindre sa maison céleste depuis plusieurs années mais, comme la plupart des Américains, il était tellement bien assuré qu'à chaque fois qu'il essayait de mourir on lui remplaçait quelque chose et on le remettait sur pieds. Il ne pouvait même pas avoir un téléphone portable à cause de son pacemaker. Mais je remercie Dieu qui l'a laissé ici pour que nous l'appréciions pendant un peu de temps. Combien de fois l'ai-je vu épuisé d'avoir trimballé son piano électrique pour en jouer lors d'un rassemblement quelconque, à soixante-dix-huit ans.

Bill, je veux être comme toi en vieillissant, mais sans les assurances. La meilleure chose que nous puissions faire pour Bill, c'est de trouver une personne fragile par semaine et de lui rendre visite. Bill, tu sais que je t'aime, mais je pense déjà à te remplacer. J'ai besoin de quelqu'un qui me donne un jambon pour le prochain Thanksgiving. Tu te demandais s'il était assez gros pour douze personnes, mais nous en avons fait quarante portions. Tu me faisais penser à Dieu parce que tu donnais toujours plus de jambon que tu n'aurais dû, mais ce qui me fait le plus penser à Dieu dans ta vie, c'est ta bonté qui prouve que ton cœur est un cœur de Miséricorde. Tu as vécu sous la conduite de la Miséricorde et tu n'as cessé de m'apprendre que la chose la plus nécessaire dans ma vie, c'est d'être un gentleman. À bientôt. Je t'aime.

Ton ami Richard.

P.-S. Bill a une foule d'amis, mais pour je ne sais quelle raison je suis celui qu'il a choisi pour seul témoin de sa messe de souvenir. Il a même établi un chèque de cent dollars pris sur son testament pour me dédommager du dérangement. Je suppose que c'est pour le jambon de l'année prochaine !

APPENDICE I

Saint Philippe Neri

Quand je vivais en Afrique, j'étais souvent malade et ceux qui cherchaient une formation venaient s'asseoir en cercle sur mon lit pour recevoir un enseignement. C'est là que nous dialoguions ensemble. J'avais peu de réponses, mais un cœur pour apprendre. Ils étaient huit dans le groupe d'origine, et nous apprenions par la méthode des questions et réponses. J'interrogeais autant que je répondais. J'apprenais autant que j'enseignais.

Ce fut curieux de découvrir que Pilippe Neri pratiquait le *ragionamento* depuis son lit avec huit disciples[1]. Il n'y a peut-être pas d'autre point commun entre lui et moi, mais le fait est qu'à cette époque de sa vie il en était réduit à enseigner à un petit groupe réuni en cercle au cours de conversations spirituelles.

Quand je l'ai découvert, ou peut-être vaudrait-il mieux dire quand il m'a découvert, j'ai su que j'avais trouvé un père spirituel. Depuis, j'ai appris beaucoup en étudiant sa vie et ses méthodes. Vous en trouverez des éléments dans le dernier chapitre de *À la recherche du Jardin perdu*. Je mentionne l'un de ses principes, qui m'a aidé à comprendre l'Évangélisation par la Miséricorde. Ce qui suit est tiré de ses *Maximes*.

---

1. L. Ponnelle et L. Bordet, *Saint Philippe Neri et la société romaine de son temps*, p. 124-125.

« Il y a trois degrés dans la vie spirituelle :

« On peut appeler le premier degré celui de la vie animale ; c'est la vie de ceux qui, dans leur dévotion, courent après le sensationnel, ce que Dieu accorde souvent aux débutants pour les tirer du monde par l'attraction d'une douce piété comme l'on attire un animal à soi en lui montrant un objet agréable.

« On peut appeler le second degré celui de la vie humaine ; c'est la vie de ceux qui ne sentent rien mais combattent leurs passions par la vertu.

« On peut appeler le troisième degré celui de la vie angélique ; c'est la vie qu'atteignent ceux qui, après s'être bien battus pour vaincre leurs passions, reçoivent de Dieu une vie calme, paisible et presque angélique même dans ce monde, ne trouvant en rien et n'éprouvant pour rien ni frustration ni répugnance.

« Il est bon de parvenir au second de ces trois degrés et d'y persévérer car Dieu lui-même mènera la personne au troisième quand Il jugera que c'est le bon moment. »

Nous pouvons apprendre beaucoup sur l'Évangélisation par la Miséricorde en faisant *ragionamento* dans notre cœur sur les réflexions ci-dessus.

APPENDICE II

Qu'est-ce qu'une école de Miséricorde ?

Voici quelques idées pour fonder une école de Miséricorde ou un centre pour la nouvelle Évangélisation. Ce modèle a été développé pour les États-Unis et le Brésil, mais il peut fort bien s'adapter ailleurs.

Une vie conduite par la Miséricorde

Quel est le but de la vie ?
Recevoir et refléter la Miséricorde divine.

Nous pensons que l'objectif moteur de la vie terrestre de notre Sauveur, c'est la Miséricorde. C'est pourquoi l'objectif qui devrait être la force motrice de la vie d'un catholique, c'est de recevoir et de refléter la Miséricorde divine, qui est à la fois force de motivation et résultat final de l'Évangélisation catholique (2 Co 5, 14). La sagesse de l'Église se révèle par la canonisation de saints spécifiques dans des périodes particulières de l'histoire du monde. À une époque où nous sommes confrontés à des événements incitant à la colère, à la vengeance et à la haine, ce qui aboutit à la désespérance, l'Église nous présente les saints de la Miséricorde comme une alternative. C'est par la divine Miséricorde que les gens seront réconciliés entre eux et avec Dieu. Un centre de formation à la Miséricorde se propose d'abord d'être un moyen d'aider à proclamer l'insondable Miséricorde de Dieu, pour encourager les catholiques et ramener les « brebis catholiques égarées ». Nous cherchons à vivre et à proclamer une vie conduite par la Miséricorde.

– L'objectif de la nouvelle Évangélisation : chercher à attirer notre prochain dans la plénitude de la révélation du Christ en permettant à la beauté irrésistible du triangle Trinité-Marie-Église de se déverser de son Cœur miséricordieux qui est en nous dans celui de ceux qui cherchent le chemin de la vie. « Nul ne peut venir à moi si le Père qui m'a envoyé ne l'attire ; et moi, je le ressusciterai au dernier jour » (Jn 6, 44). Cette attirance ne se réalise pas par contrainte ni par obligation, mais par de fortes et douces motions de la grâce qui se répand du cœur de l'évangélisateur catholique et respecte la liberté. La Miséricorde se manifeste par la bonté.

– À partir de cœurs de Miséricorde : la divine Miséricorde ne s'enseigne pas, elle s'attrape. Autrement dit, l'Évangélisation, c'est la transfusion de la Miséricorde de Dieu en Christ qui donne la vie du cœur d'une personne dans le cœur d'une autre (Ez 36, 25-27). L'Évangélisation par le contact direct avec les misères de l'humanité est cause du remplacement du cœur dur de l'évangélisateur par le cœur brisé et animé par la Miséricorde de Celui qui est blessé et qui guérit. Nous pensons que le cœur dur est transpercé au contact des souffrances et des besoins humains plus que par l'enseignement. La puissance de la nouvelle Évangélisation, c'est le Sacré Cœur de Jésus dans l'évangélisateur qui cherche à atteindre les cœurs en recherche grâce aux fruits de l'Esprit, particulièrement la Bonté (Lc 4, 18-19). Nous avons entendu un jour le cardinal de Paris parler à Paray-le-Monial du pasteur protestant qui, bien qu'il fût pasteur depuis vingt-cinq ans, s'est converti au catholicisme en faisant l'expérience du fruit de l'Esprit qui se répandait dans la vie d'un prêtre catholique travaillant dans une prison africaine.

À cause de l'année de l'Eucharistie, la moisson des fruits des cœurs miséricordieux pour la nouvelle Évangélisation devrait se faire par la messe et l'adoration. Adoration, Miséricorde, Évangélisation, Miséricorde, Adoration : l'adoration transforme le cœur dur en un cœur compatissant et pousse l'évangélisateur à la nouvelle Évangélisation. De même, la nouvelle Évangélisation brise le cœur dur et le transfigure en un cœur compatissant qui pousse à rechercher le Seigneur dans l'adoration.

N. B. Comme nous l'avons déjà noté, l'Évangélisation ne se fait pas en réaction ou en opposition à une personne ou à une philosophie. La différence entre prosélytisme et Évangélisation c'est que le prosélytisme consiste à vouloir imposer sa foi à quelqu'un tandis qu'on évangélise en suscitant chez l'autre le désir d'entrer dans la plénitude du Christ en raison de sa grande Miséricorde.

Philippe Neri et l'Évangélisation

– Les saints patrons de l'Évangélisation par la Miséricorde : Philippe Neri, Thérèse d'Avila, Ignace de Loyola, Isidore le Laboureur, François Xavier, François d'Assise, François de Sales, l'apôtre Jean, Vincent Ferrier, Marguerite-Marie Alacoque, Thérèse de l'Enfant-Jésus, Mère Teresa de Calcutta, Sœur Faustine, Maximilien Kolbe, Radegonde...

– Devise du centre : « *Mission. Marie. Miséricorde.* » Le Sacré Cœur de Jésus révélé à l'apôtre Jean et à Marguerite-Marie Alacoque nous pousse à donner le message de l'Évangile par des cœurs « pétris » de Miséricorde, à l'imitation de notre Mère de Mission.

– Type de centre : un centre de formation construit autour d'une formation pratique à l'Évangélisation par des contacts quotidiens de personne à personne et par un enseignement en forme de conversation spirituelle, ou *ragionamento*.

– Style de formation : des conversations spirituelles ou *ragionamento* comme dans l'Oratoire de saint Philippe Neri. Comme l'école est tournée vers l'Évangélisation quotidienne de personne à personne (quatre heures par jour minimum, cinq jours par semaine), l'enseignement portera sur les questions et les problèmes rencontrés au cours de l'Évangélisation.

Pourquoi mettre l'accent sur saint Philippe Neri ? Seules deux personnes dans l'histoire de l'Église ont eu l'honneur d'être appelées « apôtre de Rome » : saint Pierre, le premier, puis saint Philippe Neri. Tout étudiant de la nouvelle Évangélisation devrait étudier attentivement la vie, la spiritualité et les méthodes de saint Philippe Neri. Au XVIe siècle, alors que la Réforme protestante tentait de vider l'Église catholique, il devint l'apôtre de la joie et le second apôtre de Rome en évangélisant l'Église de l'intérieur, ce qu'il fit en exhalant l'irrésistible beauté de l'Église catholique et non en attaquant les réformateurs protestants[1].

Ce choix tient compte aussi de sa vie, de son cœur brûlant pour l'Évangélisation et des méthodes pratiques qu'il a mises en œuvre, basées sur des conversations spirituelles sous forme de questions et réponses. Pour Philippe, la crise de l'Église représentait plus une opportunité qu'une catastrophe. Son amour de l'eucharistie et son cœur énorme l'ont conduit dans les rues avec un évangile de Miséricorde. (Il est aussi le patron des commandos.) Avec son style et son originalité, il fit

12. Voir P. TÜRKS, *Philippe Neri ou le feu de la joie*.

revenir les foules et le clergé à Dieu et à l'Église. Du pauvre au noble, tous furent attirés par le Cœur miséricordieux de Dieu en Philippe. Attendre à l'intérieur des paroisses ne les aurait jamais fait revenir. Il eut le génie de sortir tous les jours dans les rues et de lancer des conversations spirituelles (*ragionamento*) pour attirer les brebis égarées et malades et les faire revenir vers le Berger. Que saint Philippe Neri nous inspire et nous accompagne dans toutes les formes de la nouvelle Évangélisation.

On peut découvrir dans l'Appendice ou peut-être dans le meilleur livre actuellement disponible en anglais : *The Apostle of Joy*, en quelle haute estime le pape Jean-Paul II tenait saint Philippe Neri pour sa place dans le succès de la nouvelle Évangélisation.

Créativité et Évangélisation

Au cours de nos trente dernières années d'expérience de l'enseignement dans des pays de cultures différentes, nous en sommes venus à penser que l'esprit américain est « programmé » dès la naissance pour apprendre par des expériences créatives, confirmées ensuite par les connaissances transmises en classe. L'enseignement du professeur devrait se construire *sur la manière* dont l'étudiant apprend. (En Afrique, Danelle a instruit avec succès nos trois enfants de l'école primaire à l'université.) L'élément le plus important de l'enseignement, c'est l'élève et non le professeur. Si un élève échoue, il nous semble que c'est plus de la faute du professeur que de celle de l'élève, le professeur ayant pour tâche de présenter le sujet de manière à amener l'élève à étudier de façon créative et productive. L'enseignement par l'encouragement produit un travail solide.

Une société française nous a demandé deux fois de créer des modules d'enseignement pour les dirigeants d'importantes entreprises afin de préparer leurs salariés à affronter les difficultés du XXIe siècle. Il s'agissait de former les dirigeants à savoir mettre en valeur un personnel créatif, imaginatif, dont chaque membre soit innovant, plutôt que d'avoir un service de la créativité.

Dès l'école primaire, on apprend aux Américains à être innovants et à utiliser leur imagination. Ils apprennent plus facilement en trouvant des réponses aux questions qu'en apprenant par cœur. Durant nos années en Afrique il a fallu reformer les esprits des dirigeants africains afin qu'ils soient innovants dans leur ministère car on leur avait appris à mémoriser et à répéter plutôt qu'à être créatifs. Nous avons découvert que les Africains qui étaient « naturellement » créatifs étaient ceux qui avaient peu d'éducation. Dans certains systèmes d'éducation il y a une tendance à former les gens au conformisme, ce qui peut étouffer la créativité.

Aux États-Unis, dans l'Évangélisation de contact direct, la créativité et l'imagination sont absolument nécessaires à tous les instants pour être fécond. C'est pourquoi l'Évangélisation de contact direct qui *précède* les études amorce la pompe mentale pour chercher les réponses et recevoir l'enseignement par le dialogue. Ainsi, les réponses sont d'autant mieux assimilées qu'elles ont été préparées par un cheminement personnel.

Les baptisés ont reçu en eux une grâce et la personne du Saint-Esprit pour les aider à résoudre intuitivement les questions de la vie. L'expérience que l'on gagne par l'Évangélisation ouvre à la communication intérieure avec le Saint-Esprit qui révélera la vérité si on la suit jusqu'à son terme. Aider une personne à se poser les bonnes questions, ce qui est naturel pour une personne baptisée, est beaucoup plus efficace pour la croissance que de dire simplement à quelqu'un ce qu'il doit croire et comment il doit croire. La guérison des blessures de la vie vient par le contact avec la Miséricorde divine et le Cœur immaculé de Marie.

Dans notre propre cas, nous avons été formés par notre éducation séculaire à poser des questions. Ces questions que nous nous sommes posées dans nos cœurs nous ont conduits à l'Église catholique. Nous pensons que la plupart des Américains ont été programmés pour apprendre pratiquement de la même façon. L'Évangélisation ouvre la voie aux questions et aux réponses qui conduisent l'évangélisateur à chercher Celui qui a toutes les réponses : le Saint-Esprit. Ainsi, il est plus facile d'apprendre par l'expérience que par une connaissance intellectuelle.

Malheureusement, beaucoup d'Américains n'ont eu ni l'expérience ni la connaissance du triangle Trinité-Marie-Église. Nous pensons que beaucoup de cœurs consentiront à cette expérience si elle est partagée par des *évangélisateurs remplis de Miséricorde divine.* Alors, par des conversations spirituelles et par l'étude des richesses de l'Église ils pourront grandir naturellement dans la plénitude de la révélation, amorcée par l'expérience et étayée par la connaissance.

Le cœur en recherche

Tous les êtres humains recherchent la même chose du fond de leur cœur : des rapports miséricordieux avec un père parfait, une mère parfaite, des frères et sœurs imparfaits mais aimables et aimants. Autrement dit, chaque homme a à cœur de trouver l'intimité avec Dieu, le Père parfait, Marie, la mère parfaite, et une famille ecclésiale. L'Évangélisation de chaque personne passe par le lieu où son cœur est en relation avec la Trinité, Marie et l'Église. Jésus est la parfaite icône du Père miséricordieux ; Marie, emplie de l'Esprit Saint miséricordieux est la Mère de Miséricorde ; et le pape rend visible en sa personne l'Église miséricordieuse. Les évangélisateurs emplis de Miséricorde rayonnent quelque chose de cette famille idéale.

L'installation du nouvel archevêque d'Atlanta, Mgr Wilton Gregory, en fut un bon exemple. Durant toute la cérémonie, nous avons été irrésistiblement amenés à devenir ce pour quoi nous avons été créés. La cérémonie traditionnelle et la messe furent d'une beauté éclatante. Tous ceux avec qui nous en avons parlé ensuite ont proclamé avec joie qu'ils comprenaient mieux l'Église et l'aimaient mieux. Nos cœurs ont trouvé ce qu'ils cherchaient et nous avons dit oui à la Trinité, à Marie et à l'Église. Malheureusement, des centaines de milliers de catholiques du diocèse ne purent y participer avec nous. Notre travail consiste donc à prendre ce que nous avons reçu et à porter cette Bonne Nouvelle aux absents. Quand notre cœur découvre ce qu'il recherche, il désire nécessairement le faire partager aux autres. Un centre de Miséricorde est conçu comme une façon d'aider les catholiques à aller dans les rues et à refléter ce qu'ils ont trouvé : la gloire de Jésus, de Marie et de l'Église (Ep 3, 21).

Évangéliser par le contact direct et assurer le suivi

– Types d'Évangélisation : nous cherchons à être ouverts aux anciennes méthodes comme aux nouvelles pour communiquer personnellement la Miséricorde divine, que ce soit dans les rues, au porte-à-porte, en rendant visite à ceux qui ont quitté l'Église catholique, dans les hôpitaux, les prisons, les paroisses, etc. Cela se fera avec les paroisses et les prêtres qui montrent de l'intérêt pour l'Évangélisation de contact direct. Les étudiants travailleront aussi avec des personnes qui, dans les paroisses, désirent apprendre comment dire leur foi en public. Ceci facilite la multiplication des disciples, la croissance de la paroisse et la transformation de la société.

– Un principe de base de l'Évangélisation : c'est l'évangélisateur qui a rencontré une personne pour la première fois qui, personnellement, l'aidera à grandir (2 Tm 2, 2). Il, ou elle, ne remplace pas le prêtre, pas plus qu'il, ou elle, ne s'attend à ce que le prêtre fasse tout le travail de l'Évangélisation. Par exemple, des « équipes de Miséricorde » sortent à la rencontre des gens, partagent, écoutent et prient pour ceux qui le désirent. Si la personne contactée est intéressée, les contacts avec elle se poursuivent durant les jours et les semaines qui suivent. Des invitations seront données pour les événements de la paroisse et les soirées de Miséricorde.

Le contact initial compte pour environ 5 % dans le processus d'Évangélisation, et le suivi pour 95 %. En général, parmi les personnes contactées, une sur quatre sera ouverte à un suivi personnel et paroissial. *C'est la loi de la moisson*, 25 % de ce qui est semé produit du fruit (Mc 4, 1-9). Pendant nos trente dernières années d'Évangélisation, nous avons vérifié cette loi biblique de la moisson. Nous avons personnellement formé huit personnes, et celles-ci en ont formé plus de huit cents. Une fois de plus, l'objectif de l'Évangélisation c'est que la personne évangélisée devienne un fidèle membre évangélisateur de la paroisse, fidèle dans le service et dans le partage de l'irrésistible beauté de Jésus, de Marie et de l'Église.

Programme d'études

Le seul travail de l'Église, c'est l'Évangélisation (Jean-Paul II). C'est pourquoi la plus grande partie de l'enseignement se fera sur le terrain : la formation à une *Évangélisation incarnée* en est la trame. La théorie s'apprend par la pratique. C'est pourquoi les cours ne sont pas classés par catégories ou par thèmes, mais l'enseignement de la vérité se tisse avec le fil d'or de l'Évangélisation selon le schéma « faire, savoir, être ». L'Évangélisation est au centre, comme le moyeu d'une roue, et tous les sujets découlent de la pratique. Les différents sujets sont traités au cours de l'année, au fur et à mesure que les questions se présentent.

Tout l'enseignement et toute la formation viennent du *Catéchisme de l'Église catholique*, catéchisme considéré à la lumière de la nouvelle Évangélisation. Au cours de l'année, une synthèse se met en place selon une grille de lecture qui met en relation :

– la parole de Dieu dans la Bible telle qu'elle est comprise dans le *Catéchisme* ;

– l'enseignement de l'Église (le Magistère et les conciles) ;

– la théologie de l'Église ;

– la Tradition de l'Église avec le témoignage des saints ;

– l'accent très important mis sur les encycliques et les écrits de Jean-Paul II et de Benoît XVI.

Au moment du baptême, la foi, l'espérance et la charité sont déposées en nous à l'état de semences ; par l'Évangélisation, elles deviennent pour le croyant une réalité expérimentale. Grâce aux sacrements et au catéchisme la semence initiale se transforme en chêne de justice à l'origine d'une forêt de chênes (Is 61, 1-3).

– Manuels et matériel d'enseignement : le cœur nouveau (Ez 36, 25-27), la Bible, le *Catéchisme de l'Église catholique*, les écrits et les encycliques de Jean-Paul II, les documents de Vatican II et de Paul VI, la vie des saints...

Table des matières

Achevé d'imprimer sur rotative par l'Imprimerie Darantiere
à Dijon-Quetigny en août 2007

Dépôt légal : août 2007
N° d'impression : 27-1197
Imprimé en France